交通运输职业教育高职汽车运用与维修技术专业教材

Qiche Yingxiao Jishu

汽车营销技术

全国交通运输职业教育教学指导委员会 组织编写
莫舒玥 主 编
刘允乾 侯 捷 韦 恩 陈芳兰 副主编
刘资媛 主 审

人民交通出版社股份有限公司
China Communications Press Co.,Ltd.

内 容 提 要

本书为交通运输职业教育高职汽车运用与维修技术专业教材。本书分为十二个模块，主要内容包括：汽车营销岗位认知、我国汽车营销的现状与发展、汽车营销商务礼仪、客户开发、客户展厅接待、客户需求分析、车辆推介、报价成交、新车交付、客户关系维系、汽车营销延伸服务、汽车营销策划。

本书可作为高等职业院校汽车运用与维修技术专业、汽车检测与维修技术专业和汽车营销与服务专业的教学用书，也可作为汽车营销人员的培训教材。

图书在版编目(CIP)数据

汽车营销技术/全国交通运输职业教育教学指导委员会组织编写；莫舒玥主编. —北京：人民交通出版社股份有限公司，2019.9

ISBN 978-7-114-15677-9

Ⅰ.①汽… Ⅱ.①全…②莫… Ⅲ.①汽车—市场营销学—高等职业教育—教材 Ⅳ.①F766

中国版本图书馆 CIP 数据核字(2019)第 136772 号

书　　名：**汽车营销技术**
著 作 者：莫舒玥
责任编辑：张一梅
责任校对：张　贺
责任印制：刘高彤
出版发行：人民交通出版社股份有限公司
地　　址：(100011)北京市朝阳区安定门外外馆斜街 3 号
网　　址：http://www.ccpress.com.cn
销售电话：(010)59757973
总 经 销：人民交通出版社股份有限公司发行部
经　　销：各地新华书店
印　　刷：北京市密东印刷有限公司
开　　本：787 × 1092　1/16
印　　张：12
字　　数：272 千
版　　次：2019 年 9 月　第 1 版
印　　次：2022 年 6 月　第 2 次印刷
书　　号：ISBN 978-7-114-15677-9
定　　价：30.00 元

前　言

为贯彻落实《国务院关于印发〈国家教育事业发展“十三五”规划〉的通知》(国发〔2017〕4号)精神,深化教育教学改革,提高汽车技术人才培养质量,满足创新型、应用型人才培养目标的需要,全国交通运输职业教育教学指导委员会组织来自全国交通职业院校的专业教师,按照教育部发布的《高等职业学校汽车运用与维修技术专业教学标准》的要求,紧密结合高职高专人才培养需求,编写了交通运输职业教育高职汽车运用与维修技术专业教材。

在本系列教材编写启动之初,全国交通运输职业教育教学指导委员会组织召开了交通运输职业教育高职汽车运用与维修技术专业教材编写大纲审定会,邀请行业内知名专家对该专业的课程体系和教材编写大纲进行了审定。教材初稿完成后,每种教材由一名资深专业教师进行主审,编写团队根据主审意见修改后定稿,实现了对书稿编写全过程的严格把关。

本系列教材在编写过程中,认真总结了全国交通职业院校的专业建设经验,注意吸收发达国家先进的职业教育理念和方法,形成了以下特色:

1. 与专业教学标准紧密衔接,立足先进的职业教育理念,注重理论与实践相结合,突出实践应用能力的培养,体现“工学结合”的人才培养理念,注重学生技能的提升。

2. 打破了传统教材的章节体例,采用模块式或单元+任务式编写体例,内容全面、条理清晰、通俗易懂,充分体现理实一体化教学理念。为了突出实用性和针对性,培养学生的实践技能,每个模块后附有技能实训;为了学习方便,每个模块后附有模块小结、思考与练习(每个单元后附有思考与练习)。

3. 在确定教材编写大纲时,充分考虑了课时对教学内容的限制,对教学内容进行优化整合,避免教学冗余。

4. 所有教材配有电子课件,大部分教材的知识点,以二维码链接动画或视频资源,做到教学内容专业化,教材形式立体化,教学形式信息化。

《汽车营销技术》是本系列教材之一。全书由广西交通职业技术学院莫舒玥担任主编,云南交通运输职业学院刘允乾、广西理工职业技术学校侯捷、广西理工职业技术学校韦恩、广西交通职业技术学院陈芳兰担任副主编,湖南交通职业技术学院刘资媛担任主审。参加本教材编写工作的有:云南交通运输职业学院赵创娟(编写模块一、模块二),云南交通运输职业学院唐照梅(编写模块三、模块四),云南交通运输职业学院刘允乾、刘美君、钱欣瑞、陈惠(编写模块十一、模块十二),广西理工职业技术学校韦恩(编写模块五),广西理工职业技术学校侯捷、方青媛(编写模块六、模块八),广西理工职业技术学校林海华、易坤仁(编写模块九),广西理工职业技术学校黄启敏、潘曦宁及防城港市理工职业技术学校龚文奇(编写模块十),广西交通职业技术学院莫舒玥、陈芳兰(编写模块七)。

由于编者水平和经验有限,书中难免存在不足或疏漏之处,恳请广大读者提出宝贵意见,以便进一步修改和完善。

全国交通运输职业教育教学指导委员会
2019年2月

目　　录

模块一　汽车营销岗位认知

学习目标

1. 能够描述市场的概念；
2. 能够区分汽车营销和汽车销售；
3. 能够描述汽车营销和汽车销售顾问的岗位职责及工作内容；
4. 能够对汽车销售顾问岗位有一定的认知；
5. 能够描述汽车销售顾问的专业素养要求，并按要求进行学习。

建议课时

2 课时。

一、汽车营销岗位职责

（一）汽车营销概述

1. 汽车市场

1）市场的概念

市场是商品经济的产物，哪里有商品生产和商品交换，哪里就有市场，而市场的概念并不是一成不变的，在不同的历史时期，不同的使用场合，市场的含义也不尽相同。

狭义的市场是指商品交换的场所，即买卖双方于一定的时间聚集在一起进行交易的场所，是一个时间和空间上的概念。

广义的市场是指商品交换关系的总和，是体现供给与需求之间矛盾的统一体，营销学是站在企业这个微观主体的立场上来认知市场的，从营销学角度来看，"市场"是指某种商品所有现实和潜在的购买者的需求总和，而不是交易的场所。

2）汽车市场

汽车市场里的商品交易主要包括新车销售、汽车配件供应及销售、二手车置换、汽车维修服务、汽车精品销售、汽车金融产品、汽车保险、汽车租赁、汽车延保业务等。

2. 汽车市场营销的概念

1）汽车市场营销的含义

汽车市场营销是指汽车相关企业或者个人通过调查和预测客户需求，把满足其需求的商品流和服务流从制造商引向客户，从而实现其目标的过程。现代汽车市场营销活动模型如图 1-1 所示。

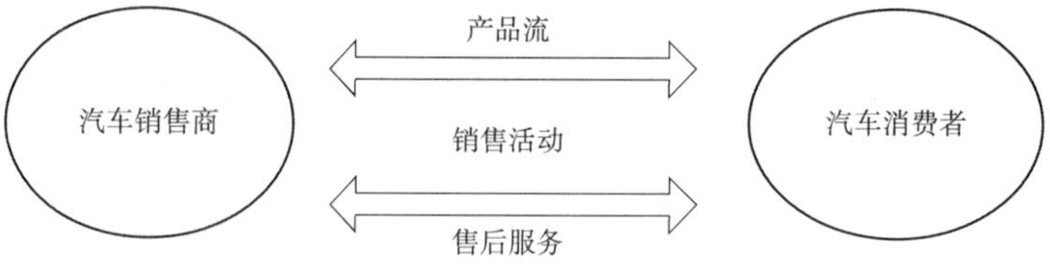

图 1-1　汽车市场营销活动模型

2）汽车营销研究的内容

随着汽车市场的发展，现代汽车营销研究的关注点由以产品、客户为核心，逐渐过渡为以竞争行为为核心。其基本任务有两个：一是寻找市场需求；二是实施一系列更好地满足市场需求的营销活动。

汽车营销研究的内容是在汽车市场的竞争环境中，企业等组织通过市场调查识别和分析客户的需求，确定其所能提供最佳服务的目标客户群，选择适当的计划方案、产品、服务方式以满足其目标客户群体的需求，取得竞争优势的市场营销全过程。

（二）汽车营销岗位职责

汽车营销岗位主要从事汽车市场调研、分析与竞争研究，为企业生产经营决策提供咨询，并进行汽车产品营销策划、汽车营销市场策划、汽车品牌市场宣传、汽车市场促销策划等。

下面是某汽车 4S 店市场营销专员岗位职责：

（1）搜集及分析市场相关信息，为公司决策提供参考。

（2）及时反馈客户意见，把握市场动向，与公司内部各部门密切沟通。

（3）评估推广效果，配合相关部门积极开拓市场，并负责制订区域的客户维护工作。

（4）负责外部媒体的关系维护工作。

（5）具备优秀的创意、良好的沟通协调能力、计划组织能力，对工作认真、负责，具有良好的团队精神和沟通理解力，能承担工作压力。

（三）汽车营销与汽车销售

企业是一个以盈利为目的的经济组织，它按照“赢—赢游戏（Win-Win Game）”的市场法则，通过销售自己的产品或服务造福于社会，并通过社会的利润回报来求得自身的生存和发展。

按照现代市场营销学的基本观点，企业所面对的社会其实就是市场，而市场则是指那些现实的或者潜在的消费者群体。因此，所谓销售是指企业将产品所有权从生产者手中转移到消费者手中的活动。从企业经营的过程看，销售只是营销中的一个环节。

显而易见，市场营销是一个外延比销售广泛得多的概念。它包括产品销售，同时也包括企业在生产之前和之后所进行的一系列活动。前可推到市场调查和市场预测，达到投其所好和以销定产之便；后可延至货款回收和售后服务，以求联络感情和购买循环之效；至于中间还包括产品开发、设计、生产、定价、分销、促销等一系列环节。可以说企业的市场营销是一个从市场需求出发，转一个大圈，再回到市场需求的过程。而在汽车 4S 店内，汽车营销岗位的工作范围主要定位于汽车销售领域，即我们通常所说的汽车销售顾问岗位。

（四）汽车销售顾问岗位认知

1. 汽车销售顾问职业前景

从 2011—2018 年公开的汽车销售数据，我们可以看到 2011—2018 年国内汽车销量稳步增长，如图 1-2 所示。

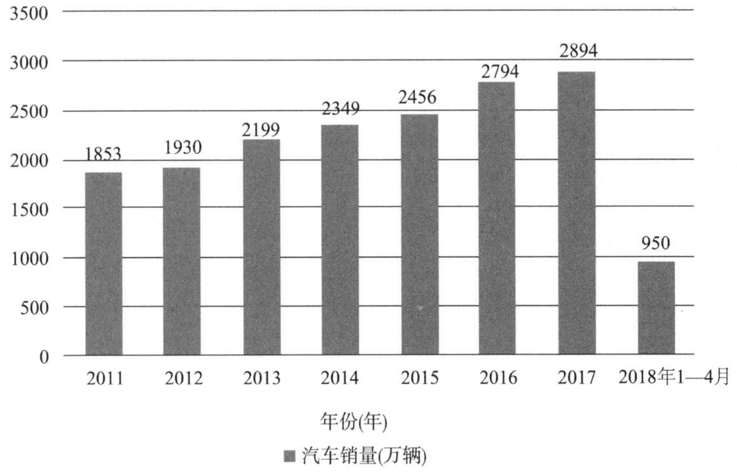

图 1-2　2011—2018 国内汽车销量

汽车销售作为汽车行业的基础关键岗位，就业十分被看好。汽车行业对汽车销售顾问人才需求不断在增加，但是要求也相应地越来越高，许多汽车企业已越来越难找到合格人才。销售顾问人才已成为维系汽车行业快速、健康发展的最紧缺和最关键的资源，企业之间激烈抢夺优秀人才的现象十分普遍。

2. 企业的人力资源组织架构

一些 4S 店的组织构架，如图 1-3 所示。

销售顾问岗位在企业组织构架中是一个核心岗位。通过了解企业的组织构架图，了解自己即将要从事的销售顾问岗位在企业中的作用和地位，明确自己的目标，确定将来自己的职业规划。

3. 汽车销售顾问岗位职责

汽车销售顾问是指为客户提供顾问式的专业汽车消费咨询和导购服务的汽车销售服务人员。其工作范围实际上也就是从事汽车销售的工作，但是以客户的需求和利益为出发点，向客户提供符合客户需求和利益的产品销售服务。具体工作包含：客户开发、客户跟踪、销售导购、销售洽谈、销售成交等基本过程，还可能涉及汽车保险、上牌、装潢、交车、理赔、年检等业务的介绍、成交或代办等。

职场实战汽车销售标准流程如下：

为了更好地规范经销商销售顾问的销售行为，各品牌厂家及经销商都制定了各自的销售流程，虽不尽相同，但都大同小异。图 1-4 所示为不同品牌的标准销售流程，虽然流程名称不尽相同，但服务的内容都包含在其中。

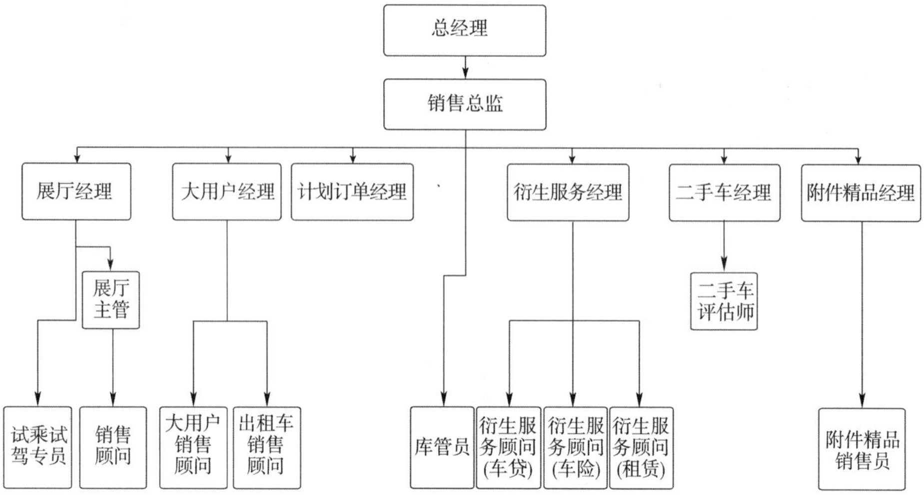

a)某汽车4S店结构图

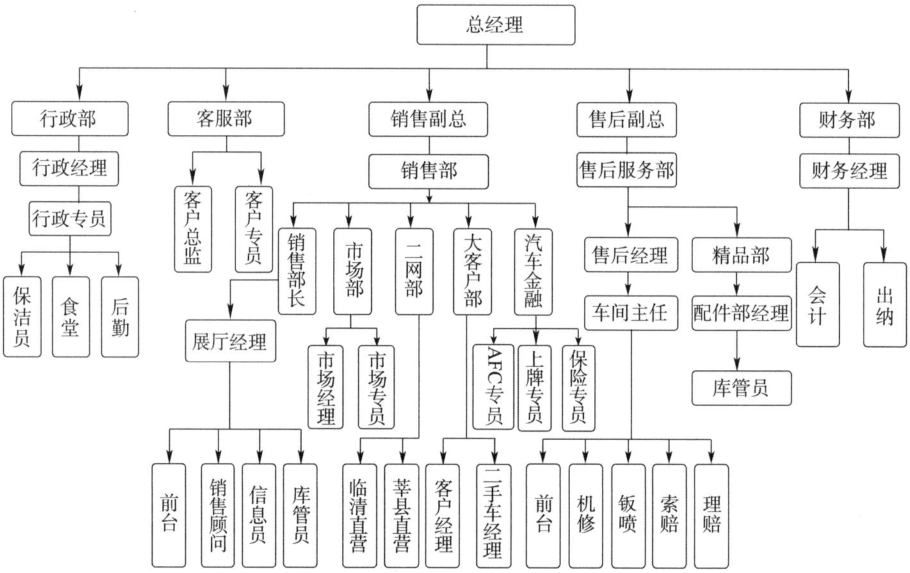

b)某汽车4S店结构图

图 1-3　4S 店的组织构架

汽车销售顾问在销售经理的领导下，负责公司产品的销售工作，努力完成每月的销售任务。以下是某汽车 4S 店的销售顾问岗位职责：

(1)完成协定的销售目标及 CS 考核(即客户满意度考核)。

(2)主动寻找潜在客户，并跟进接触，最终使之转化为成交客户。

(3)展厅销售借贷业务，掌握销售核心流程的全过程。

(4)建立销售业务档案，及时上报客户信息。

(5)协助解决客户咨询与抱怨。

(6)展厅6S管理。

(7)收集竞争对手资料。

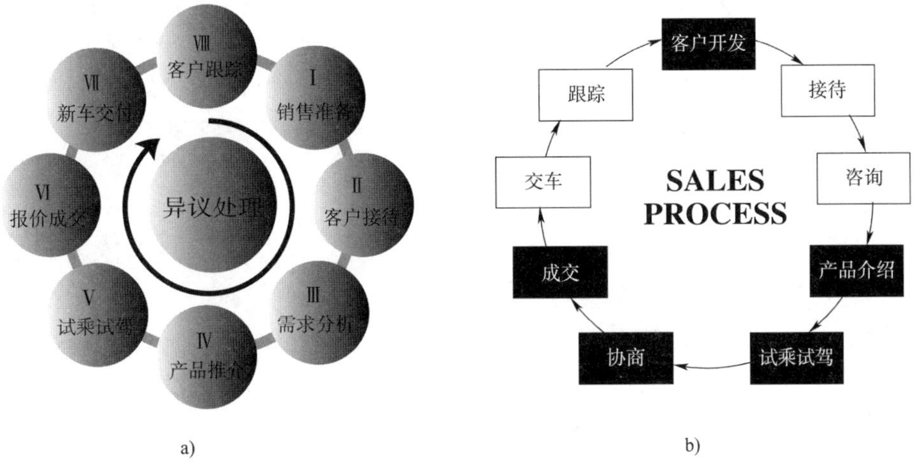

图1-4　汽车标准销售流程

二、汽车营销岗位专业素质要求

(一)汽车营销岗位知识要求

汽车产品属于大件的耐用消费品,为高档消费品。这类产品的价格较高,购买次数较少,客户在购买时多持慎重态度,一般在充分了解产品的特性、效用、价格、服务的众多因素之后才会作出购买的决定。这就要求汽车销售顾问应具有合理的汽车产品知识,包括汽车文化、汽车结构、汽车配件、汽车营销、汽车保险、汽车金融的相关知识。

汽车销售顾问还需要对汽车市场状况的不断变化及竞争对手的新动态作出判断,尽快调整销售计划来适应客户的反应及需要,为客户选择满意的车型。

汽车销售顾问在销售汽车产品时的原则是不要直接谈销售,要善于找到客户感兴趣的话题,如篮球、股票、旅游、投资理财、养生等,以便在工作中拉近与客户的距离,愉快沟通并成为朋友。这就要求汽车销售人员应具备生活素养方面的知识,平常多涉猎社会新闻、经济、工业、商业新闻、娱乐新闻、子女教育、旅游休闲、金融、房产投资、体育新闻各方面信息,储备必要的素材,以便分析不同客户的需求。

(二)汽车营销岗位技能要求

1. 良好的心理素质

1)自信

汽车销售顾问要相信自己的能力,相信企业能为客户提供好的产品,相信自己所销售的产品是优质的。这样,汽车销售顾问在面对巨大的压力和困难时,才会勇敢地去面对与承受,从而取得销售的成功。

2)自我激励

自我激励能力是汽车销售顾问必须具备的一种内在的驱动力,它能促使销售顾问成为一个优秀的人,而并不仅仅是为了钱,或为了得到上级的赏识。虽然从心理学的角度来讲,一般人工作是为了获取报酬和晋升的机会,现实中也是这样,汽车销售顾问也不例外,但是如果一个汽车销售顾问缺乏内在的驱动力,那么当他的工作达到某一个水平时,他的销售业绩就会基本停滞不前,只能维持现状,甚至开始逐渐下滑。他们最大的缺点就是缺少干劲,原因就在于缺乏自我激励能力。因此,要想成为一名优秀的汽车销售顾问,必须具备自我激励能力。

3)自主学习

汽车市场是一个变化比较快的市场,汽车销售顾问应掌握和了解汽车界各品牌及车型的最新信息、知识,具备各级别车型的上市、报价、性能方面的变化以及现代汽车的贷款、保险、维修的常识。同时,汽车产品属于一种科技产品,它包含许多其他领域的前沿技术,如EBD(车辆的电子制动力分配)、ESP(电子稳定程序)、发动机的节油配置等,汽车销售顾问知道的产品知识越详细,客户就会越相信,对其产品也会更加认同,这样整个销售过程也会比较顺利。因此,汽车销售顾问应时时刻刻学习,挖掘自身潜能。汽车销售顾问必须学习公司的策略与销售风格,以及成功与失败的经验。想要做一个成功的汽车销售顾问,就必须勤奋不懈,坚持学习,不断更新业务知识,掌握更为先进的汽车营销方法和技巧。

学习渠道推荐如下:

(1)汽车网站推荐:汽车之家、新浪汽车网、易车网、搜狐汽车网等。

(2)书报杂志推荐:《中国汽车报》《中国汽车画报》《汽车之友》《名车志》。

2.娴熟的沟通技能

汽车销售的过程实际上就是一个人与人沟通的过程,从跟客户接触开始,汽车销售顾问就通过各种方式与客户进行沟通。汽车销售顾问的沟通能力是最重要的能力,沟通能力直接影响销售过程中客户对产品和服务的了解。很多人认为汽车销售顾问只要能说会道就行了,其实不然,汽车销售顾问的沟通能力除了语言表达能力之外,还包括倾听、文字表达、电话交谈、投诉应对等内容。沟通与平时的交谈是有着本质的区别的,与客户沟通不仅仅是聊天,还有明确的目的性,注重沟通的效果。沟通的能力表现在以下方面。

1)现场应变能力

在目前的市场环境中,对于同一款车、同样的价格,为什么有些汽车销售顾问很快就可以与客户成交,而有的销售顾问则需要更长的时间或根本就卖不出去呢?其实,根本原因不在于车如何,也不在于价格高低,而在于销售顾问的应变能力和说服能力。应变能力是在有压力的环境下,思考、解决问题时能够迅速、灵巧地转移角度,作出正确的判断和处理的一种能力。汽车销售顾问每天要和不同的人交往,每天会遇到不同的事情,对同一件事情每个人都会有不同的想法和看法,对同一辆车每个人也会有不同的见解,汽车销售顾问应该知道怎样去应变,怎样才能打动客户。优秀的汽车销售顾问应该具有应对市场变化及突发事件的能力,从而增强其销售竞争力。

2)语言表达能力

在与客户沟通交流及进行汽车产品介绍时,需要清晰、准确、完整和具有亲和力的语言,在沟通和讲解中销售顾问一定要做到熟练、自然、心境平和、从容不迫，给客户留下能干的印象，这会增强客户购买车辆的信心。

语言表达的6C原则是指清晰、简明、准确、完整、有建设性、礼貌。

(1)清晰(Clam)是指表达的信息结构完整，顺序有致，能够被信息接收者所理解。

(2)简明(Concise)是指表达同样多的信息要尽可能占用较少的信息载体容量。

(3)准确(Correct)是衡量信息质量和决定沟通结果的重要指标。首先是信息发出者头脑中的信息要准确，其次是表达信息的方式要准确，特别是不能出现重大的歧义。

(4)完整(Complete)是对信息质量和沟通结果有重要影响的一个因素，要全面看问题，看到事情的方方面面，切忌"盲人摸象"。

(5)有建设性(Constructive)是对沟通目的性强调。沟通中不仅要考虑所表达的信息要清晰、简明、准确、完整，还要考虑信息接收方的态度和接受程度，力求通过沟通使对方的态度有所改变。

(6)礼貌(Courteous)是指礼貌、得体的语言、姿态和表情能够在沟通中给对方留下良好的第一印象，拉近与客户的心理距离，有利于沟通目标的实现。

3)发现问题和解决问题的能力

汽车销售顾问每天都要面对不同的客户并向其推销自己公司的产品，也要向领导汇报工作、申请促销等。汽车销售顾问发现问题和解决问题能力的高低，是直接影响销售结果的重要因素。当汽车销售顾问回访客户的时候，如何让客户愿意在电话里跟自己沟通，而不是一报家门客户就挂电话或者找理由说很忙；如何让客户把真实需求说出来，而不是总防备着自己；如何让自己的潜在客户不是系统里的一堆数据，而真正成为意向客户；为什么自己的工作做得这么到位，客户还是挑三拣四；如何让客户认同汽车销售顾问和汽车产品。在工作中，应不断发现问题、分析问题，最终找到方法解决问题。

3. 总结分析能力

总结分析的能力也就是对汽车销售工作中经验积累的能力，一个汽车销售顾问如果在工作中不去分析成功失败的原因，不去寻找自身存在的差距，不对每一天工作的得失进行总结，不把经验整理记录下来，不把教训总结出来并寻找到防止再犯的对策，那么汽车销售顾问就无法得到提高，也就放弃了从经验和实践中学习的机会。这也正是很多汽车销售顾问只会纸上谈兵，一到实际销售过程中往往不知从何下手的原因，工作了一两年回过头来看，自己的能力却没有明显的提高，不是找不到销售的感觉，就是缺乏总结和分析的能力。因此，汽车销售在日常工作中要注意对经验的积累，最好能形成文字，经常拿出来整理整理，随着经验的增多，慢慢地就会形成自己的销售风格。

4. 计划和执行能力

凡事预则立，不预则废。说的就是工作要有计划性。竞争日益激烈，如何应对？唯一的办法就是比别人更有效率地工作。要想提高工作效率就必须提高工作的计划性，汽车销售顾问每天要接触很多新客户，又要维系老客户，还要进行工作总结和填写各种报表，每月还要对销售业绩进行分析，对客户进行分类管理等，日常工作非常繁杂。如果缺乏计划性，汽车销售顾问在客户维系方面就容易出现漏洞，从而降低客户的满意度，因此，计划性决定了汽车销售顾问工作的效率。

汽车销售是一种实践性的工作,要取得良好的销售业绩,光靠在家里或办公中想着如何开拓客户、如何说服他们、如何成交是没有用的,这无异于白日做梦,要想成功,必须去行动。汽车销售顾问每天的工作目标和工作计划必须不折不扣地执行,才能一步一步迈向成功。

三、汽车营销职业道德规范

(一)职业道德规范基本要求

职业道德是所有从业人员在职业活动中应该遵循的行为准则,是对从业人员在职业活动中的行为要求,同时也是本行业对社会所承担的道德责任和义务。职业道德基本规范是在道德核心和原则的基础上形成的从业者所遵循的行为准则,也是评价职业活动和职业行为善恶的准则。

职业道德规范基本要求主要包括六个方面,具体见表1-1。

职业道德规范基本要求　　表1-1

序号	类　别	具　体　内　容
1	爱岗敬业	从业者要热爱自己的工作岗位和职业,乐业,勤业、敬业,以恭敬、负责的态度对待工作兢兢业业,专心致志
2	诚实守信	从业者要真心诚意、实事求是,不虚讲,不欺诈,在经营上则要讲究信守合同,诚信无欺,质量为重
3	办事公道	从业者要公平公正,给人以应得或恰如其分地对待人和事。尽可能做到不偏不倚,不徇私情,对所有工作对象一视同仁,不偏袒,不歧视
4	服务群众	从业者全心全意为人民服务,对被服务对象热情服务,主动、耐心、热心、细致、周到,努力提高服务质量,提高业务技术水平
5	奉献社会	从业者把自己的知识、才能、智慧毫无保留、不计报酬地贡献给社会。培养社会责任感和无私精神,将公众利益、社会效益摆在第一位,处理好社会效益和公司经济效益的关系,处理好个人利益和社会效益的关系,把奉献社会的职业道德落到实处,实现自我价值
6	保守秘密	每一个企业和组织从业人员都必须遵守的道德规范。对公司认定为"绝密""机密""秘密"的文件或事项要严格按公司要求给予保密

(二)职业道德品质修养

1. 见物不贪

在客户接待过程中时常有客户将东西遗忘在洽谈区或展车上,此时,如果看到有值钱的物品,要帮客户收好、交还给客户。千万不能私心作祟,收为己用。这样不但会给自身造成麻烦,同时还会影响公司的信誉。

2. 与人为善

人人都需要他人的友情、关爱、帮助、支持、鼓励、赞扬、指教、尊重和信赖,人人与人为善,就能达到上述这些美好的期望。汽车销售顾问在与客户或同事、上司相处时,持有与人为善的心态,可以更加体会到工作中的快乐。

3. 做事求上

"做一天和尚撞一天钟"的工作态度和工作作风已不适合现代社会。随着科技的进步和时代的发展,需要人们比以往付出更多的艰辛,掌握日新月异的知识和技术。作为汽车销售顾问,对工作与学习、知识与道德、今日与明日等关系,应当有一个比较明确的认识。

技能实训

汽车销售顾问岗位认知实训

1. 准备工作

(1)场地设施:真实的汽车4S店。

(2)实施设备:手机或摄像机、笔记本、笔。

2. 实训过程

(1)任务布置。以小组为单位(建议每组3~4人)到具体品牌的4S店进行汽车4S店组织架构及部门职能调研,绘制出被调研4S店的组织架构图,并标注各主要部门的职能。

(2)学生借助网络工具查找4S店,并确定每组的调研单位以及单位的具体地址。

(3)根据调研的内容,绘制出4S店的组织架构图。

(4)组织学生分享调研结果以及调研心得体会。

模块小结

(1)汽车营销指的是汽车相关企业或者个人通过调查和预测客户需求,把满足其需求的商品流和服务流从制造商引向客户,从而实现其目标的过程。

(2)汽车营销的岗位工作内容包括汽车市场调研、分析与竞争研究,为企业生产经营决策提供参考,并进行汽车产品营销策划、汽车营销市场策划、汽车品牌市场宣传、汽车市场促销策划等。

(3)汽车营销与汽车销售的关系:汽车营销包含的内容较广,而汽车销售是汽车营销的一部分。

(4)汽车销售顾问的具体工作包括:客户开发、客户跟踪、销售导购、销售洽谈、销售成交等基本过程,还可能涉及汽车保险、上牌、装潢、交车、理赔、年检等业务的介绍、成交或代办等。

(5)汽车营销岗位专业素质要求,包括知识结构的要求和技能的要求。

(6)作为销售顾问应严守职业道德。职业道德包括爱岗敬业、诚实守信、办事公道、服务群众、奉献社会、保守秘密。

思考与练习

(一)填空题

1. 汽车营销岗位专业素质要求包括____________要求和____________要求。

2. 销售顾问岗位工作包括:____________、客户跟踪、销售导购、____________、销售成交等基本过程,还可能涉及汽车保险、上牌、装潢、交车、理赔、年检等业务的介绍、成交或代办等。

3. 汽车营销的岗位工作内容包括汽车市场调研、____________，为企业生产经营决策提供咨询，并进行汽车产品营销策划、____________、汽车品牌市场宣传、汽车市场促销策划等。

4. 语言表达的6C原则是指清晰、____________、准确、____________、有建设性、____________。

5. 汽车营销是指汽车相关企业或者个人通过____________，把满足其需求的商品流和服务流从制造商引向客户，从而实现其目标的过程。

(二)判断题

1. 汽车营销等同于汽车销售。 (　　)

2. 市场的概念是一成不变的，在不同的历史时期，不同的使用场合，其含义相同。 (　　)

3. 在汽车4S店内，汽车营销岗位其工作范围一般主要定位于销售领域。 (　　)

4. “做一天和尚撞一天钟”的工作态度和工作作风非常适合现代社会。 (　　)

5. 在销售工作中需要不断地学习，充实自己才能挖掘自身的潜能。 (　　)

(三)简答题

1. 汽车销售人员应具备哪些知识？

2. 汽车销售人员应具备哪些修养？

3. 收集至少两家汽车品牌销售标准流程，并比较它们的异同。

模块二　我国汽车营销的现状与发展

学习目标

1. 能够叙述我国汽车营销发展的三个阶段；
2. 能够描述国内汽车市场的基本情况；
3. 能够叙述我国常见的汽车营销模式的特点；
4. 能够根据我国的现有情况叙述汽车营销的发展趋势。

建议课时

2 课时。

一、我国汽车营销发展历程

我国汽车营销的发展历程可分为三个阶段，即计划分配阶段（1978 年以前），计划经济向市场经济转型阶段（1978—1991 年），市场经济阶段（1992 年至今）。

在计划分配阶段，产品严格按计划分配，物资机电部门统一销售，汽车生产部门不直接销售汽车。当时的销售主体、销售品种、销售方式、销售价格、消费主体都是单一的，市场呈卖方市场。

在计划经济向市场经济转型阶段，国家计划逐年下降，汽车自由市场基本形成，市场开始起决定作用。这一时期汽车销售渠道以物资机电部门和汽车工业销售部门为代表的国有汽车销售体系为主，同时以整车厂为主建立的自销体系逐渐扩大，营销方式以店铺营销和人员推销为主。

在市场经济阶段，市场机制起到决定性作用。这个时期，汽车销售部门形成大、中、小规模并行，厂家、物资部门、中国汽车销售系统和汽车交易市场并举，国有、集体、个人多种所有制形成并存的局面。汽车营销方式以代理制、汽车有形市场和四位一体的专卖店为主，同时出现了分期付款销售、租赁、汽车超市、网上销售等多种销售形式。汽车市场以买方市场为主，对汽车经销商服务意识要求更高。特别是中国加入 WTO 以后，国内汽车产品的产销量不断增加，外国进口量也逐年攀升，中国的汽车市场不断向成熟方向发展。

二、我国汽车营销现状

(一)国内汽车行业销售现状

随着全球经济一体化分工体系的确立和汽车制造产业的转移,我国汽车工业已形成多品种、全系列的各类整车和零部件生产及配套体系,在产业规模、产品研发、结构调整、市场开拓、对外开放等方面,实现了跨越式发展,已成为全球汽车工业体系的重要组成部分,并逐步由汽车生产大国向汽车产业强国转变。通过中国产业信息网公布的数据,了解目前国内的汽车行业销售现状,如图 2-1 所示。

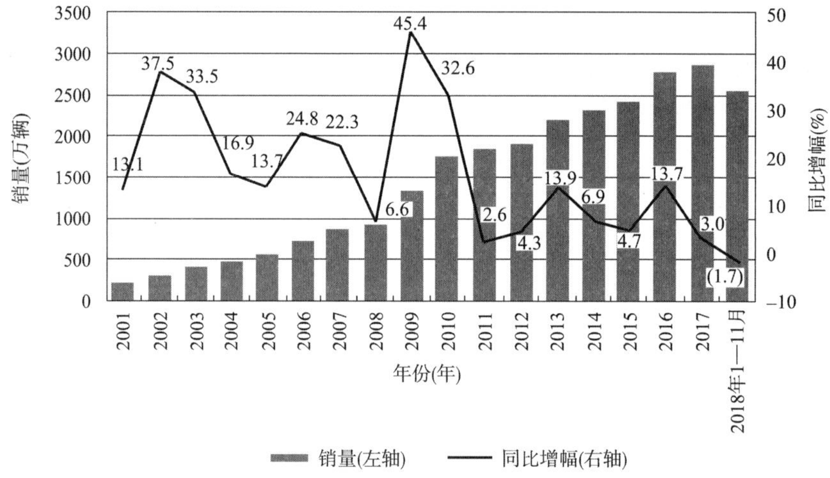

图 2-1　我国 2001—2018 年汽车行业销量统计

从图 2-1 中,我们可以看到,2018 年 1—11 月汽车行业累计销量 2542.0 万辆,同比下降 1.7%,较 2017 年同期小幅下降。受宏观经济增速放缓、中美贸易摩擦、消费者信心下降等因素影响,2018 年下半年乘用车市场景气度明显下行,加之 2017 年同期由于购置税优惠政策退出提前消费形成的较高基数,导致车市 9—11 月连续 3 月同比出现双位数下滑。

另外,从图中可以看出,自 2014 年开始,随着国内宏观经济放缓,中国汽车产销量增速明显放缓,但受到购置税优惠政策等促进因素的影响,我国汽车销量增速在 2016 年出现明显反弹,2016 年全国汽车销量同比增幅 13.7%。可以从相关数据看出我国汽车行业增速将逐步趋缓,汽车行业开始进入成熟期的新阶段。得益于以下几方面的因素,我国汽车行业仍将保持稳健的发展态势。

1. 我国城镇化进程的快速发展

近十几年来,伴随我国城镇化率的逐步提升和国民经济的快速增长,我国汽车工业产值及汽车保有量呈现高速增长的发展态势。从图 2-2 中可以看出,2006—2016 年我国城镇化率由 43.90% 提升到 57.35%,同期我国汽车保有量由 0.37 亿辆提升至 1.94 亿辆,年均复合增长率达到 18.03%。在未来新型城镇化逐步推行的过程中,新型城镇化战略将为我国汽车需求的稳健增长提供有力的保障。

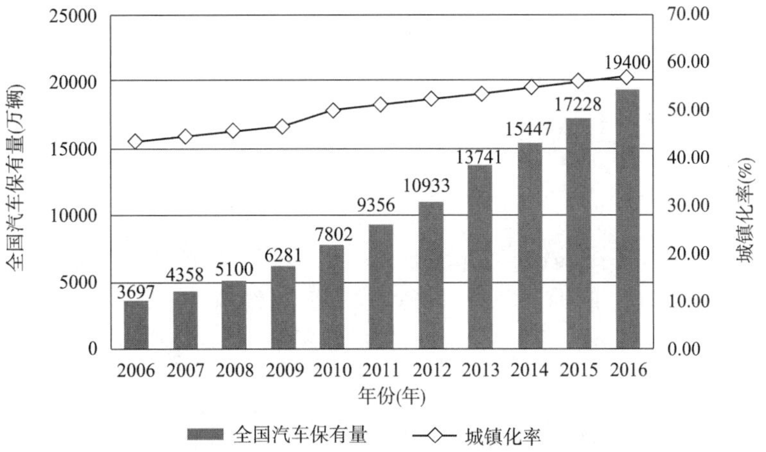

图 2-2　2006—2016 年我国汽车保有量及城镇化率水平对比情况

2. 不断增长的居民购买水平

从全球汽车行业的发展历史来看，汽车普及率与人均 GDP 及相应的收入水平存在明显的相关关系。行业内通常以 *R* 值（车价/人均 GDP）作为一个国家汽车购买力水平的重要指标。按照发达国家的历史经验，一个国家的 *R* 值接近 2 ~ 3 时，该国就进入了汽车快速普及阶段。我国 2016 年人均 GDP 已超过 7800 美元，居民消费潜力进一步提升，消费结构开始向高级化方向转化。与此同时，我国的 *R* 值已进入 2 ~ 3 区间，按照发达国家的经验，未来 10 年我国的汽车工业仍将具备较快增长的潜力。

3. 整体较低的汽车普及率及区域发展的不平衡

2016 年底我国汽车保有量达到 1.94 亿辆。与国际成熟市场相比，我国汽车保有量仍处于较低水平。从总量来看，我国汽车保有量不足美国的 60%；从人均保有量来看，2016 年我国千人汽车保有量为 140 辆，而美国 2005 年就达到了 675 辆，韩国 2005 年也达到 319 辆。目前，我国千人汽车保有量仅相当于日本 20 世纪 60 年代、韩国 80 年代的水平，并低于世界平均水平。

我国的汽车保有量还有很大的增长空间。第一，中国庞大的人口数量是汽车销量在长时间内保持稳健增长的基石；第二，我国一、二线城市的汽车普及率明显高于三、四线城市，随着三、四线城市的汽车普及率持续提升，来自这些地区的强劲需求将继续推动全国汽车需求稳健增长；第三，从地区差异看，当前我国各地千人保有量仍然分布不均，东部沿海地区总体千人保有量高于中西部地区。目前，中西部内陆城市经济增速明显快于东部地区，这些地区强劲的汽车需求将是我国汽车需求增长的重要驱动力。预计西部地区的汽车保有量在未来 10 ~ 15 年内很难达到饱和状态。

4. 更新换代的需求

中国经济进入新一轮的增长周期，拉动了汽车需求的快速增长。由于汽车的使用寿命一般在 10 年左右，购买汽车的消费者将逐渐进入换车周期。我国汽车行业的更新需求，尤其是东部沿海发达省份汽车更新需求将逐步释放。

(二)我国汽车营销现有模式

从相关数据来看,汽车销量与汽车营销模式密不可分,越来越多的营销模式受到企业的关注。我国汽车营销模式主要有以下几种。

1.4S 经营模式

汽车 4S 店是一种以"四位一体"为核心的汽车特许经营模式,如图 2-3 所示。汽车 4S 店包括整车销售(Sale)、零配件供应(Sparepart)、售后服务(Service)、信息反馈(Survey)。它具有统一的外观形象、统一的标识、统一的管理标准、只经营单一品牌的特点。它是一种个性突出的有形市场,具有渠道一致性和统一的文化理念,4S 店在提升汽车品牌、汽车生产企业形象上具有很大的优势。

图 2-3 汽车 4S 店

汽车 4S 店的核心含义是"汽车终身服务解决方案"。汽车 4S 店的出现,恰好能满足客户的各种需求,它可以提供装备精良、整洁干净的维修区,现代化的设备和服务管理,高度职业化的气氛,良好的维护服务设施,充足的零配件供应,迅速及时的跟踪服务体系。通过 4S 店的服务,可以使客户对品牌产生信赖感,从而扩大销售量。因此,"4S"的关键词是"解决方案"和"服务"。其实在"服务经济社会"的大背景下,"4S"模式其实和其他一些已进入"以方案和服务为核心竞争力时代"的行业销售服务模式殊途同归,只不过叫法更时尚、更新一些。

2.汽车超市

汽车超市(Automobile Supermarket),又称汽车商店,是一种同时经营多种汽车品牌,并为客户提供休息与服务的汽车销售模式,如图 2-4 所示。汽车超市起源于欧洲,是高度发达和成熟的汽车产业发展到一定阶段的产物。比较有代表性的是法国巴黎的名为"勒克莱尔汽车"的低价汽车连锁超级市场,商家以比一般传统汽车专卖店低 12% ~30% 的车价出售各种品牌的新车。

汽车超市的特点:

(1)多品牌同场经营。将不同品牌、不同价值、不同性能的汽车汇集在一起,给消费者提供了一个充分比较、判断、筛选的机会,选择余地多、范围广,节省购车时间。

图 2-4 汽车超市

(2)提供“一站式”服务。超市同时将银行、工商、交管等部门请进来,具有车展、销售、美容、维护以及贷款、保险、办理牌照等一站式服务功能,帮助客户办理购车手续,方便客户购车。

(3)超市凭借规模效益,可以降低经销商的费用,从而降低汽车的售价。

(4)将汽车营销与日常生活融合在一起。汽车超市既是汽车销售中心,又是休闲娱乐的场所,客户在这里可以充分体验汽车文化。汽车超市以汽车服务贸易为主体,并千方百计拓展服务的外延,促使服务效益最大化,是对传统汽车销售方式的有利补充。

3. 汽车交易市场

这是将许多 3S、4S 汽车专卖店集中在一起,提供多种品牌汽车的销售和服务,同时还提供汽车销售的其他延伸服务,如贷款、保险、上牌等的一种模式。通常有一家类似于房地产公司的实体公司来运作汽车交易市场,形成自己的品牌,并由该公司组织相关资源来提供延伸服务。最为著名的例子是北京的亚运村汽车交易市场,目前拥有 160 多家经销商。

汽车交易市场的优势在于消费者拥有更为自由的购车环境,有更多的选择机会,同时可以享受购车的一条龙服务。汽车交易市场还带来规模效应,统一的维修和配件供应,使得经销商的运作成本降低,而消费者可以买到更低价格的汽车。但是,由于汽车交易市场中聚集了几十甚至上百的汽车经销商,以及其他各种提供商和贸易商,从市场的管理上来说难度较大。同时,由于汽车交易市场通常占地较大,要找到地理位置好并且面积合适的地皮非常困难,而且由于一些整车制造商对汽车专卖店服务半径的限制,也阻碍了一些汽车专卖店的加入。

4. 汽车园区

这是汽车交易市场规模和功能上的“升级版”。除了规模上的扩张,汽车园区最主要体现在功能上的全面性,在汽车销售、汽车维修、配件销售等方面,汽车园区更多的是加入了汽车文化、汽车科技交流、汽车科普教育、汽车展示、汽车旅游和娱乐等众多的功能。例如北京东方基业汽车城(图 2-5),不仅提供汽车交易,以及工商、税务、车检、交通、银行、保险等职能部门服务,而且提供汽车咨询、车迷论坛、汽车俱乐部、汽车博物馆等服务。未来甚至会包括购物中心的设施也会建在汽车园区内或紧邻,以满足中国消费者一站式服务的消费需求。

图 2-5 北京东方基业汽车城

汽车园区的优势在于功能齐全,对客户购车来说非常方便,同时汽车园区自身具有更强的吸引消费人气的能力。而它的劣势在于投资巨大,投资回收期长,功能复杂,管理困难。

三、我国汽车营销发展趋势

(一)我国汽车营销面临的挑战

1. 我国经济转型和行业变革带来的挑战

汽车作为上下游链条长、覆盖面广、影响力大的产业,是整个社会经济发展的一个缩影,因此同样面临着重大的变革。汽车之家大数据报告显示,在 2017 年中国汽车市场经历了十几年来的首个寒冬,整体销量增长显著放缓。2018 年,业界的预期也普遍不乐观,销量将持续微增是普遍共识,甚至有更为悲观的观点认为中国车市将迎来销量的首降。汽车市场经历着变革的阵痛。造成这一阵痛的原因在于,当前中国汽车市场的发展正处于从高速增长阶段进入普及阶段的过渡时期,也是从卖方市场到买方市场的转变时期,产品的竞争力从价格转向品质和服务,消费者也更加成熟、理性。经济转型与行业变革的叠加,使得汽车市场增长放缓,销量呈现振荡调整的态势。

2. 互联网的冲击

近年来,随着信息科技的发展,特别是网络的普及,加上居民收入增长和城市化进程的加快,消费者对目前汽车经销模式中诸多弊端已越发不满,伴随 2017 年汽车销售新政的颁布,以及电子商务模式的普及,原来汽车 4S 店汽车销售模式必将面临较大的变革,更加先进的汽车营销方法呼之欲出。以汽车 4S 店为代表的整车四位一体销售模式,正在经历汽车销售新政和电商模式的挑战。国美、苏宁、京东等典型线上线下融合发展模式值得借鉴,4S 店必将经历变革中的阵痛,但只有符合市场消费者需求的转变才是最有前途的。

马云无人汽车店

无人汽车店来了,比我们想象的速度要快得多。北京时间 2017 年 12 月 13 日,阿里巴巴宣布"天猫无人汽车店"正式在上海、南京两地率先推出。首家"天猫无人汽车店"位于上海世博中心附近,面积达到了 200m^2,店面一经开张,立刻引起了人们的关注,纷纷前往体验。

客户只需要在手机淘宝上,搜索"超级试驾"预约成功后,即可到店内取车,只需要短短几秒的"刷脸"识别,即可完成身份识别。识别成功后,将自动弹出你所预约车辆的钥匙,你就可以自己把车开走。

三大颠覆：

(1)购车过程无比便捷。你不再需要去4S店排队，只需要通过手机定车，到店里取车即可，全程不需要一个服务员，一个工作人员。

(2)购车款式暴增。跟传统4S店不同的是，这里不仅限于单一品牌，包括了众多的品牌，大众、奥迪、宝马、奔驰、路虎、别克、沃尔沃、福特、本田、标志、丰田、马自达、日产等，单单搜索家庭经济适用型的就达到了上千款。

(3)试驾体验大幅上升。传统4S店只能在规定的道路上跑几圈，就要做出购买决策。而天猫无人汽车店，可以让消费者将车开回家，体验长达3天的深度试驾，全面了解汽车性能。不满意，开回店里即可。

很明显，较于传统4S店来说，这种更为灵活、便捷的购车新零售体验模式，无疑将带来巨大的冲击。天猫表示，无人汽车店将在全国一至三线多个城市陆续推出。

新零售模式进入市场以后，对传统行业带来了巨大的冲击，但是对于汽车行业的较大的快消品来说，影响并不大。但是如今面临市场再次进化，线上线下重度融合的新零售模式已经来了，这场大冲击，将让整个零售业重新定义，就连汽车行业也无法避免。

因为全程不需要销售员、服务员等大量人工成本。汽车的销售价格自然也比4S店里要便宜很多，而更高成本的传统4S店对比于这种新零售模式已经没有任何优势。生存空间将变得越来越小，甚至无利可图。

截至目前，众多的品牌汽车奔驰、奥迪、宝马、路虎、捷豹、大众等在内的36大汽车品牌纷纷加入了这场变革。

今天，无人汽车店的到来，将是传统4S店面临转型、变革的强烈信号。一个汽车新零售时代的到来，4S店暴利的时代，也该告一段落。而我们也将看到更多的行业、更多不透明的利润都将切除，越来越透明的市场将会浮现。

这个世界，没有一个行业是一成不变的！

(二)我国汽车营销的发展趋势

1. 营销理念升级——绿色营销

《2018政府工作报告》明确指出，要“推动集成电路、第五代移动通信、飞机发动机、新能源汽车、新材料等产业发展”，将新能源汽车领域作为扩大开放的领域之一，并且“将新能源汽车车辆购置税优惠政策再延长三年，全面取消二手车限迁政策”。从产业端到消费端，对新能源汽车的支持力度非常大。

将发展新能源汽车的方针放在坚持人与自然和谐发展、治理环境污染、建设生态文明的大环境下看，更能看出国家的决心与意志：一方面，在发展新能源汽车的同时，“提高燃油品质、淘汰黄标车与老旧车辆”，从产品结构上支持新能源汽车；另外一方面，“优化能源结构”，缩减煤炭消费比重、提高清洁能源消费比重，从动力的源头上努力达成清洁环保。此前，面对中国以煤炭为主的能源结构调整，业界认为新能源汽车由于电力来源于火力发电，仅仅是将污染物转移集中排放，而并不能带来节能环保的综合效用。优化能源结构的措施，则是切实解决这一现实问题的方案，同时也符合“我国经济已由高速增长阶段转向高质量发展阶段”的实际。

2. 汽车网络营销——OTO 模式

近年来,随着信息科技的发展,尤其是网络的普及,大大拓宽了人们获取信息的渠道,而网络几乎成为消费者了解汽车品牌和产品、选择车型和商家的主要渠道。汽车经销商开始大胆采取网络营销这一新的营销方式。网络营销是一种新型的、互动的、更加人性化的营销模式,可以充分发挥企业与客户互相交流的优势,同时企业可以为客户提供个性化的服务。

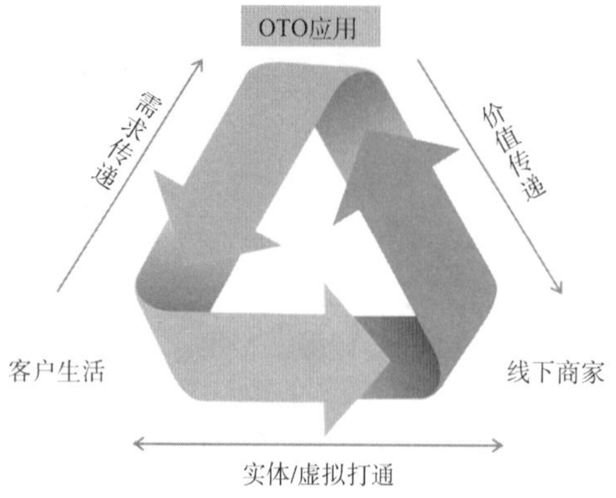

图 2-6　OTO 模式图

目前,移动互联网进入高速发展期,这个阶段以汽车资讯类应用为基础,向其他服务环节延伸,汽车 OTO 模式将继续推动行业快速发展。OTO(Online To Offline),即线上集客线下享受服务的电子商务模式,其模式如图 2-6 所示。

积极开展汽车 OTO 商业模式,形成线上线下双轮驱动的发展新态势。OTO 是一个循环往复、不断推进的过程,OTO 模式不仅驱动线上消费者到线下享受服务,实现从线上到线下的引流。同时,它也能驱动线下的商家将资源整合到线上,将本来线下的消费者带到线上,实现双向引流。OTO 模式既发挥了互联网的信息平台优势,又保留了汽车这种特殊商品的服务体验需求,同时也完全规避了业界对于汽车电商会与传统经销商和汽车厂商分羹的担心,整个产业向更为精细化的分工发展。“完全脱离线下经销商的汽车销售模式还不具备实施的现实条件。在未来也很难实现。”易车公司副总裁槐洋的观点在业界颇具代表性。汽车之家副总裁马刚同样认为,“汽车做电商必须依存现有的服务体系,从某种程度上,更像是销售线索的转移。”

技能实训

1. 准备工作

(1)场地设施:实训室。

(2)实施设备:电脑、手机、投影仪、翻页笔。

2. 实训过程

(1) 任务布置。以小组为单位(建议每组 3 至 4 人)利用课余时间,查找资料,做一份关于“汽车营销伴随媒体发展产生的变化”为主题的 PPT 汇报。

(2)学生借助网络工具、图书馆的纸质资料查询。

(3)根据汇总的资料,共同设计汇报 PPT。

(4)组织学生汇报。

模块小结

(1)我国汽车营销的发展经过了计划分配阶段、计划经济向市场经济转型阶段、市场经济阶段。

(2)我国汽车行业的销售现状:我国汽车行业增速将逐步趋缓,汽车行业开始进入成熟期的新阶段;我国汽车行业稳健发展。

(3)我国汽车行业的稳健发展得益于:城市化进程的发展;居民购买水平增长;整体较低的汽车普及率及区域发展的不平衡;更新换代的需求。

(4)我国汽车营销现有常见的模式有:4S 店特许经营模式、汽车超市、汽车交易市场、汽车园区。

(5)目前我国汽车营销面临的挑战有:我国经济转型和行业变革带来的挑战;互联网冲击。

(6)我国汽车营销的发展趋势:营销理念升级,新能源车将会成为趋势;汽车网络营销——OTO 模式将会成为汽车营销的一种新方式。

思考与练习

(一)填空题

1. 我国汽车营销的发展历程可分为三个阶段,即计划分配阶段,__________,__________。

2. 我国汽车营销现有的模式有:__________、__________、汽车交易市场、汽车园区。

3. 我国汽车营销的发展趋势:____________________、____________________。

4. OTO(Online To Offline),即____________享受服务的电子商务模式。

5. 我国汽车行业的发展得益于:____________,____________,____________整体较低的汽车普及率及区域发展的不平衡和更新换代的需求。

(二)判断题

1. 我国汽车营销的发展历程可分为三个阶段,其中计划经济向市场经济转型阶段是 1978—1991 年。　　(　　)

2. 汽车超市(Automobile Supermarket),又称汽车商店,是一种同时经营多种汽车品牌,并为客户提供休息与服务的汽车销售模式。　　(　　)

3. 无人 4S 店模式会在近期内遍及全国。　　(　　)

4. 新能源汽车将是汽车发展的一大趋势。　　(　　)

5. 4S 店的核心含义是“汽车终身服务解决方案”。　　(　　)

(三)简答题

1. 概述我国汽车营销发展的历程。

2. 简述我国汽车市场现状。

3. 列表分析我国汽车营销模式的优缺点。

4. 举例分析绿色营销观念在车企营销中的体现。

模块三　汽车营销商务礼仪

学习目标

1. 能够运用仪容、仪表、仪态的相关礼仪进行个人礼仪展示；
2. 能够运用交谈礼仪进行交谈情景展示；
3. 能够叙述男士、女士着装要求；
4. 能运用汽车营销人员工作礼仪规范地接待客户。

建议课时

2 课时。

一、汽车营销人员个人礼仪

个人礼仪是其他一切礼仪的基础，是一个人仪容、仪表、言谈、行为举止的综合体现，是个人性格、品质、情趣、素养、精神世界和生活习惯的外在表现。总的规范为：整洁清爽、端庄大方，如图 3-1 所示。

图 3-1　职业礼仪

（一）仪容仪表仪态礼仪

汽车销售人员在与客户见面之初，对方首先看到的是汽车销售人员的仪容、仪表，如容貌和衣着。销售人员能否受到客户的尊重，赢得好感，能否得到客户的承认和赞许，仪容、仪表起着重要的作用，同时也代表了企业的形象。

1. 仪容、仪表

汽车销售人员修饰仪容的基本规则是美观、整洁、大方、典雅。表情自然从容，目光专注、稳重、柔和。手部保持清洁，在正式的场合忌有长指甲。男士应每天修面剃须，衣着打扮应该做到外貌整洁、干净利落，给人仪表堂堂、精神焕发的印象。女士化妆要简约、清丽、素雅，避免过量使用芳香型化妆品，避免当众化妆或补妆。

2. 仪态

仪态是人在行为中的姿势和风度，是一种行为语言。从容潇洒的动作，给人以清新明快的感觉；端庄含蓄的行为，给人以沉稳的印象。汽车销售人员必须在训练中达到提高个人礼仪的目的，尤其要注意站姿、坐姿、蹲姿、行姿、手势等。

1）站姿

挺直、舒展，手臂自然下垂，正式场合不应将手插在裤袋里或交叉在胸前。

女士：抬头，挺胸，收紧腹部，肩膀往后垂，前腿轻轻地，重心放在后腿上，站起来应该是舒服大方的，显得总是镇定冷静、泰然自若。女性站立时双腿要基本并拢，脚位应与服装相适应。穿紧身短裙时，脚跟靠近，脚尖分开呈“V”状或“Y”状。

男士：挺胸，抬头，收腹部，两腿稍微分开，有自信，有挺拔的感觉。

2）坐姿

入座时动作应轻而缓，轻松自然。不可随意拖拉椅凳，从椅子的左侧入座，沉着安静地坐下。女士着裙装入座时，应将裙子后片拢一下，并膝或双腿交叉向后，保持上身端正，肩部放松，双手放在膝盖或椅子扶手上，男士可以微分双腿（一般不要超过肩宽），双手自然放在膝盖或椅子扶手上。离座时，应请身份高者先离开。离座时动作轻缓，不发出声响，从座位的左侧离开，站好再走，保持体态轻盈、稳重。

女士：腿进入基本站立的姿态，后腿能够碰到椅子，从椅子的左侧进入，轻轻坐下来。两个膝盖一定要并起来，不可以分开，腿可以放中间或放两边。两手叠放于左右腿上。如果要跷腿，绝不可以两腿分开。禁止两腿叉开、腿在地上抖动、腿翘得太高。

男士：膝部可以分开些，但不宜超过肩宽，更不能两腿叉开。如长时间端坐，可双腿交叉重叠，但要注意将上面的腿向回收，脚尖向下。

3）行姿

行走时应抬头，身体重心稍前倾，挺胸收腹，上体正直，双肩放松，两臂自然前后摆动，脚步轻而稳，目光自然，不东张西望。遵守行路规则，行人之间互相礼让。三人并行，老人、妇幼走在中间。男女一起走时，男士一般走在外侧。走路时避免吃东西或吸烟。遇到熟人应主动打招呼或问候，若需交谈，应靠路边站立，不要妨碍交通。

女士：在标准站立规范的基础上，手放在两边，轻轻摆动，步态要轻盈，不要拖泥带水。男士：脚步要矫健，抬头挺胸，充满自信。

4)蹲姿

下蹲时不要只弯腰,臀部向后翘起,这非常不雅,也不礼貌。女士:下蹲后,单膝点地,脚尖着地,臀部坐在脚跟上,如图3-2所示。

图3-2 蹲姿

5)手势规范

手势要求正规、得体、适度,手掌向上。在指引方向时,应将手臂伸直,手指自然并拢,手掌向上,以肘关节为轴指向目标。在介绍、引路、指示方向时,都应掌心向上,上身稍前倾,以示敬重。切忌以手指或笔尖指向客人。

(二)交谈礼仪

1.交谈的基本原则

交谈是表达思想及情感的主要工具,是人际交往的重要手段,是人类口头表达活动中最常用的一种方式。在诸多的礼仪形式中,交谈礼仪占据重要地位,强化语言方面的修养,学习、掌握并运用好交谈礼仪,至关重要。

1)态度诚恳亲切,措辞谦逊文雅

在交谈中,坚持以礼貌、尊重、真诚、友善为基础,亲切诚恳的态度,能缩短彼此之间的距离,有利于营造互相信赖的良好交谈氛围。交谈中的措辞使用要谦逊文雅,对他人多用敬语、敬辞,对自己则应用谦语、谦辞,做到内外兼修。

2)遣词用句准确得体

同样的话,使用不同的词句表达,可能会有不同的结果。善于准确、得体表达的人,能够把自己的意思、情感恰如其分地表达出来,效果往往事半功倍;不善于准确、得体表达的人,则有可能引起许多不必要的麻烦,想办事情也办不好。遣词用句要注意不当省略、避免词不达意、注意语言的逻辑结构。

3)举止大方,语言幽默

与人交谈要落落大方,即便在陌生人面前也要从容不迫,不能拘束不安,羞怯扭捏。此外,还要培养自己的幽默感,体现一个人的内在气质。

4) 口语流畅,减少语病

交谈中应该注意语言的流畅,一方面不要使用过多的书面语;另一方面要注意防止口语语病,表现出文化修养的缺乏以及思维迟钝、逻辑混乱。

5) 交谈中充分借助目光、表情及肢体语言的使用

人际交流的核心组成部分是表情,在交谈中正确使用表情非常重要。

2. 交谈的礼仪

在交谈过程中,要做到有礼有节,不可随便搪塞或随口答复,更不可有粗鲁失礼之处。

(1) 在交谈过程中,尽量使用普通话。谈话时要注意在表情、内容、方式上与对方互动,比如,选择对方感兴趣的话题,使用面带微笑、若有所思的表情等。

(2) 交谈过程中,应保持适当的距离。社交距离表现的是交谈者之间的社交性或礼节上的较正式关系,在此距离内,双方无法进行身体接触,说话时适当提高声音,加强目光接触(1.2 ~3.7m);与多个客人谈话时,应该顾及全体客人。

(3) 在交谈过程中,专心聆听就是对谈话者的尊重。专注聆听要求听者不打断对方,不纠正对方,不质疑对方;需要插话时,可以委婉地说"对不起,请允许我打断一下。"对方讲话时,要全神贯注,不要有左顾右盼、心不在焉、翻阅书报、闭目养神等不适宜的动作。

(4) 对方提出正当问题,应该尽可能地妥善回答,不应笑而不答或者置之不理。没有听懂的问题,应该礼貌地要求对方重复一遍。在社交场合应讲理而不辩论,不应因与客人观点不同而争论不休,更不能对客人观点妄加评论。

(5) 交谈过程中,真诚而恰当的赞美,能增加谈话的和谐与喜悦。赞美前一定要先找到对方的闪光点,如果随意赞美,可能适得其反;作为被赞美者,应接受对方的赞美,而不应表示否认。交谈中对对方的关心也应适度,不要追问别人的隐私。

(6) 对于交谈中的禁忌,一定要多加自检,防止触犯。交谈中一忌居高临下,二忌自我炫耀,三忌心不在焉,四忌口若悬河,五忌搔首弄姿,六忌挖苦嘲弄,七忌言不由衷,八忌故弄玄虚,九忌冷暖不均,十忌短话长说。

(三) 服饰礼仪

服饰反映了一个人文化素质之高低,审美情趣之雅俗。着装既要自然得体、协调、大方,又要遵守某种约定俗成的规范或原则。服装不但要与自己的具体条件相适应,还必须时刻注意客观环境、场合对人的着装要求,即着装打扮要优先考虑时间、地点和目的三大要素,并在穿着打扮的各方面与时间、地点、目的保持协调一致。公务场合着装要端庄大方,参加宴会、舞会等应酬交际应突出时尚,休闲场合穿着舒适自然。全身衣着颜色一般不超过三种。

1. 男士着装

男士穿着西装时务必整洁、笔挺。正式场合应穿着统一面料、统一颜色的套装,内穿单色衬衫,打领带,穿深色皮鞋。三件套的西装,在正式场合下不能脱外套。按照国家惯例,西装里不穿毛背心和毛衣,在我国最多只加一件"V"领毛衣,以保持西装的线条美。衬衫的领子要挺括,不可有污垢、污渍。衬衫下摆要塞进裤子里,系好领口和袖扣,衬衫领口和袖口要长于西服上装领口和袖口 1 ~2cm,以显有层次感,衬衫里面的内衣领口和袖口不能外露。领带结要饱满,与衬衫领口要吻合。领带的长度以系好后大箭头垂到皮带扣为宜。西装穿

着系纽扣时，领带夹夹在衬衫的第三粒和第四粒纽扣之间。穿西装一定要穿皮鞋，鞋的颜色不应浅于裤子。黑皮鞋可以配黑色、灰色、藏青色西服，鞋要上油擦亮。袜子一般应选择与长裤颜色相配，任何时候忌黑皮鞋配白袜子。

2. 女士着装

办公室服饰的色彩不宜过于夺目，应尽量考虑与办公室色调、气氛相和谐，并与具体的职业分类相吻合。较为正式的场合，应选择女性正式的职业套装；较为宽松的职业环境，可选择造型感稳定、线条感明快、富有质感和挺感的服饰。服装的质地应尽可能考究，不易皱褶。穿裙子时，袜子的颜色应与裙子的颜色相协调，袜子口避免露在裙子外面。年轻女性的短裙至膝盖上3～6cm，鞋子要舒适、方便、协调而不失文雅。

3. 饰物

佩戴饰物要考虑人、环境、心情、服饰风格等诸多因素间的关系，力求整体搭配协调。遵守以少为佳、同质同色、符合身份的原则。女性饰物种类繁多，选择范围比较广，饰物的佩戴要与体形、发型、脸型、肤色、服装和工作性质相协调。

（四）见面礼仪

1. 握手礼

握手是一种沟通思想、交流感情、增进友谊的重要方式。与他人握手时，目光注视对方，微笑致意，不可心不在焉、左顾右盼，不可戴帽子和手套与人握手。在正常情况下，握手的时间不宜超过3s，必须站立握手，以示对他人的尊重。

握手也讲究一定的顺序：一般讲究"尊者决定"，即待女士、长辈、已婚者、职位高者伸出手来之后，男士、晚辈、未婚者、职位低者方可伸出手去呼应。若一个人要与许多人握手，那么有礼貌的顺序是先长辈后晚辈，先主人后客人，先上级后下级，先长辈后晚辈，先主人后客人。

2. 鞠躬礼

鞠躬，意即弯身行礼，是对他人敬佩的一种礼节方式。鞠躬时必须立正，鞠躬前目视对方，以表尊重的诚意。

3. 致意

致意是一种不出声的问候礼节，常用于相识的人打招呼。在社交场合里，人们往往采用招手致意，欠身致意等形式来表达友善之意。

二、汽车营销人员工作礼仪

（一）电话邀约礼仪

1. 拨打电话礼仪

电话是人们最常用的通信工具。打电话时，要考虑对方是否方便。打电话时间以9:00—11:00、14:00—16:00为宜。通话内容事先准备，简明扼要，适可而止，拨通电话后，应首先向对方问好，自报家门和证实对方的身份。通话时，语言要简洁明了，语言、态度、举止文明。事情说完，道一声"再见"，及时挂上电话。在办公室打电话，要照顾到其他电话的进出，不可以久占线。电话礼仪如图3-3所示。

图 3-3　电话礼仪

2. 接听电话礼仪

电话铃响三声之内，要迅速拿起电话机问候“您好”，自报家门，然后询问对方来电事由。要认真理解对方意图，并对对方的谈话作出积极回应。应备有电话记录本，对重要的电话做好记录。电话内容讲完，应等对方放下话筒之后，自己再轻轻放下，以示尊敬。

3. 代接电话礼仪

代接电话要做到以礼相待，妥善处理；尊别人重隐私，适当回避；准确记录要点、及时传达准确信息到相关人员。

（二）销售接待礼仪

1. 客户进入展厅时

1）销售顾问主动上前迎接并问好

在看到客户走向汽车 4S 店时，汽车销售顾问必须主动帮忙拉开公司的大门，面带微笑。并致欢迎词：“您好！欢迎光临！”如果客户在门外观望，可主动招呼：“您好，请进！”如果是雨雪天气，要主动收拾客户雨具、放置衣帽等。

问候是见面时最先向对方传递的信息。在不同环境所见的人，要用不同的问候语。和初次见面的人问候，最标准的说法是：“你好”“很高兴认识您”“见到您非常荣幸”等。如果对方是有名望的人，也可以说“久仰”“幸会”；与熟人相见，用语可以亲切、具体一些，如“可见着你了”。对于一些业务上往来的朋友，可以使用一些称赞语：“你气色不错”“你越长越漂亮了”等。接待礼仪如图 3-4 所示。

2）主动与客户握手并递上名片

握手是沟通思想、交流感情、增进友谊的一种方式。握手的顺序一般讲究“尊者决定”，即待女士、长辈、已婚者、职位高者伸出手之后，男士、晚辈、未婚者、职位低者方可伸手去呼应。平辈之间，应主动握手。若一个人要与许多人握手，顺序是：先长辈后晚辈，先主人后客人，先上级后下级，先女士后男士。握手时要用右手，目视对方，表示尊重。男士同女士握手时，一般只轻握对方的手指部分，不宜握得太紧太久。握手时应注意不用湿手或脏手，不戴手套和墨镜，不交叉握手，不摇晃或推拉，不坐着与人握手。握手礼仪如图 3-5 所示。

图3-4　接待礼仪

图3-5　握手礼仪

在社交场合，名片是自我介绍的简便方式，是一个人身份的象征，当前已成为人们社交活动的重要工具。

(1)递送名片。

递送时应将名片正面面向对方，双手奉上，眼睛应注视对方，面带微笑，并大方地说："这是我的名片，请多多关照。"名片的递送应在介绍之后，在尚未弄清对方身份时不应急于递送名片，更不要把名片视同传单随便散发。与多人交换名片时，应依照职位高低或由近及远的顺序依次进行，切勿跳跃式进行，以免使人有厚此薄彼之感。避免左手递名片、名片背面对着对方、名片颠倒着给对方、以手指夹着给对方、名片举高于胸部给对方的不文明行为出现。

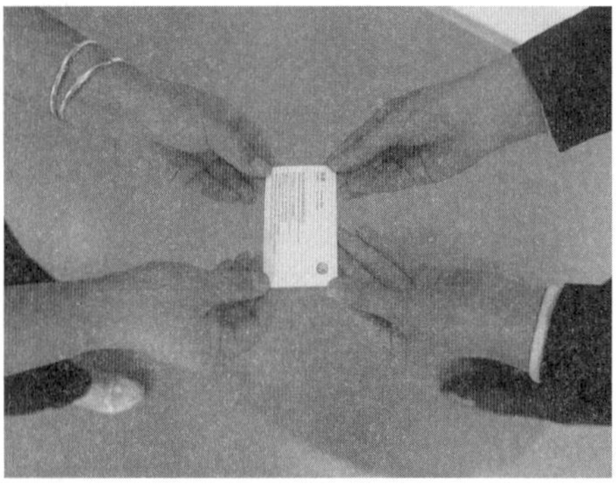

图3-6　名片礼仪

(2)接收名片。

接收名片时应起身，面带微笑注视对方。接收名片时应说"谢谢"并微笑阅读名片，然后回敬一张本人的名片；如身上未带名片，应向对方表示歉意。在对方离去之前或话题尚未结束，不必急于将对方的名片收藏起来。名片礼仪如图3-6所示。

在社交中，人们对称呼一直都很敏感，选择正确、恰当的称呼，既反映自身的教养，又体现对他人的重视。称呼一般可以分为职务称、姓名称、职业称、一般称、代词称、年龄称等。

职务称包括经理、主任、董事长、医生、律师、教授等；姓名称通常是以姓或姓名加"先生""女士"；职业称是以职业为特征的称呼，如秘书小姐、服务先生等；代词称是用"您""你们"等来代替其他称呼；年龄称主要以"叔叔""阿姨"等来称呼。使用称呼时，一定要注意主次关系及年龄特点，如果对多人称呼，应以年长为先，上级为先，关系远为先。

(3)存放名片。

接过别人的名片切不可随意摆弄或扔在桌子上，也不要随便地塞进口袋或丢在包里，应放在西服左胸的内衣袋或名片夹里，以示尊重。

3)主动询问客户来店目的

(1)客户来找人，要带领客户找到要找的人方可离开；如果要找的人不在，可预约见面的时间。

(2)客户表示来做车辆维护，要带领客户到达汽车维修业务接待区，安排好接待人员。

(3)客户表示要看车,要将客户引导至客户洽谈区,询问是否第一次到店,是否有熟悉的汽车销售顾问,是否介意自己接待客户等。

4)引导客户到洽谈区就座

如果客户是多人一起到达,要互相介绍认识,不要冷落其他人员。在作介绍的过程中,介绍者与被介绍者的态度都要热情得体、举止大方,整个介绍过程应站立面带微笑。为他人做介绍,应遵循"让长者、客人先知"的原则,即先把身份低的、年纪轻的介绍给身份高的、年纪大的;先将主人介绍给客人;先将男士介绍给女士。被人介绍时,应面对对方,显示出想结识对方的诚意。等介绍完毕后,可以握一握手并说"你好!""幸会!""久仰!"等客气话表示友好。男士被介绍给女士时,男士应主动点头并稍稍欠身,等候女士的反应,如女士愿意和男士握手,则可以先伸出手来。自我介绍,可一边伸手跟对方握手,一边作自我介绍,也可主动打招呼说声"你好!"来引起对方的注意,眼睛要注视对方,得到回应再向对方报出自己的姓名、身份、单位及其他有关情况,语调要热情友好,态度要谦恭有礼。

(1)客户到洽谈区,奉上茶水,最好根据汽车4S店的实际,提供多种可选择的饮品。

(2)客户要求自行看看,尊重客户意愿,表明自己在不远处,随时准备为客户服务。

2. 客户与销售顾问沟通时

(1)对客户进行需求分析并做记录;询问必须耐心并且友好,回答客户的咨询时要把握好服务的适度性,既不要服务不足也不要服务过度。

(2)根据客户需求,推荐合适的车型并作亮点介绍;要体现针对性和专业性,突出自己产品的卖点和优势,提高客户对自己产品的认同度。

(3)对客户提出的疑问,提供专业的解决方案。

(4)主动邀请客户进行试乘试驾。在试乘试驾过程中少说话,应让客户对车辆进行专注的体验和感受。

(5)帮助客户总结利益,尝试促成交易。保证客户对价格、车辆、优惠、服务等方面的信息已经充分了解,让客户有充分的时间考虑和作出决定,应巧妙地加强客户对车辆的信心,营造轻松的签约气氛。

3. 客户离店时

先起身,主动和对方握手道别,送别时要感谢对方来店;送客户离开,表明希望再一次见面,目送对方离开直至视线消失。对于已订车的客户,要完善资料、签合同等;对未订车的客户问清楚未订车的原因,寻找解决方案,预约下次到店时间,目送客户离开。

4. 客户离开后

(1)整理客户信息,完成客户《来店(电)客户信息登记表》。

(2)定期拨打回访电话,做好回访记录,邀约客户再次到店。

技能实训

(一)汽车营销人员个人礼仪实训

1. 准备工作

(1)场地设施:汽车礼仪实训室、形体训练室。

(2)设备设施:落地镜、座椅、摄像机。

2. 实训过程

(1)站姿。

(2)坐姿。

(3)行姿。

(4)蹲姿。

(5)手势规范。

(6)握手。

(7)鞠躬礼。

(8)致意。

(二)汽车营销人员工作礼仪实训

1. 准备工作

(1)场地设施:真实模拟汽车销售展厅的场地、实训室。

(2)设备设施:镜子、座椅、摄像机、名片、纸杯、洽谈桌。

2. 实训过程

1)注意仪表着装

(1)女士化淡妆,男士干净整洁。

(2)按照企业要求统一着装。

(3)客户到来时主动到展厅外(至少在门口)迎接,主动为客户引导安排车位,停放车辆,第一顺位值班人员引导客户进入展厅。

(4)观察客户动作、车辆外形及新旧、车辆内部状况,以了解该客户的特性及可能的需求,考虑合适的接待方式。下雨天,主动拿伞出门迎接客户。

2)客户进入展厅时

(1)点头、微笑、目视并保持眼神接触,所有员工遇到客户时都应以充满活力、明朗、欢快的声音,向客户打招呼、致意。

(2)热情招呼客户带来的每一个人,第二顺位者应主动协助招呼客户的同行人员。

(3)介绍自己并递上名片,立即询问客户是否能为他效劳,以便弄清楚客户光临的目的。此时,上前迎接并说:"先生(女士)您好,您需要服务吗?"并自我介绍递上名片,若客户不需要协助,让客户轻松自由活动,若客户有疑问或需要服务时,要立即上前服务。

(4)创造与客户交谈的机会,适时灵活地随声附和客户。

(5)与客户初步交谈时说话要热情,充分表达对企业及产品的信心。

(6)若是二人以上同行则不可忽视对其他人的招呼应对;若同时有二三组人来看车,要请求支援,不可有任何人受到冷落;若有儿童随行,其他销售人员应负责招待或引领至儿童游乐区。

(7)客户需要帮助时要主动上前询问,并保持合适的身体距离。

(8)客户离开时,感谢惠顾并道别,热情欢迎再次来店。微笑、挥手致意、目送离去。

(三)技能考核评分表

技能考核评分表见表 3-1。

技能考核评分表　　表 3-1

考核内容	评价要点	分值	得分
操作技能评定(80 分)	资料、看板是否准备齐全	4	
	销售顾问仪容仪表是否符合规范	6	
	销售顾问是否在电话铃响 3 声(彩铃 8s)内接听电话	4	
	销售顾问是否使用标准的电话接听用语并询问客户称呼	4	
	销售顾问是否主动询问客户需求	6	
	销售顾问对客户提出的疑问是否提供有效解决方案	4	
	销售顾问是否留下客户有效联系方式	6	
	结束通话前销售顾问是否主动邀约客户来展厅	4	
	结束通话前,是否再次询问客户的需求后再挂电话	2	
	销售顾问是否及时、主动热情的迎接客户	2	
	销售顾问是否主动自我介绍(姓名、职务)并双手递交名片	6	
	主动询问客户称呼并用尊称称呼客户(按当地称呼习惯)	2	
	销售顾问是否始终专心接待客户,并留下客户有效联系方式	6	
	销售顾问是否能根据客户的实际情况提供周到服务	6	
	是否主动询问客户所需饮品,并提供至少 2 种以上的选择	4	
	销售顾问是否友好告别并感谢客户来店赏车	2	
	将客户送出门外或至停车场,向客户挥手致意,目送其离开	4	
	离店后,销售顾问是否打电话回访客户询问客户的用车情况	2	
	是否能独立建立一份完整的《来店(电)客户信息登记表》	6	
综合素质评定(20 分)	是否积极参与团队合作	4	
	是否按要求做到现场 6S 管理	4	
	任务完成综合情况	8	
	是否严格遵守纪律	4	
总得分			
学生互评	优点:		
	改进意见:		
教师评价	优点:		
	改进意见 :		
学生总结			

模块小结

(1)个人礼仪总的规范为:整洁清爽、端庄大方。

(2)汽车营销人员个人礼仪包括:仪容礼仪、仪表礼仪、仪态礼仪。

(3)仪态礼仪包括:站姿、坐姿、行姿、蹲姿、手势规范。

(4)见面礼仪包括:握手礼、鞠躬礼、致意。

(5)汽车营销人员工作礼仪:电话邀约礼仪、问候礼仪、称呼礼仪、介绍礼仪、握手礼仪、名片礼仪。

思考与练习

(一)填空题

1. 个人礼仪总的规范为:________________、________________。

2. 汽车营销人员个人礼仪包括:____________、____________、____________。

3. 仪态礼仪包括:________、________、行姿、________、________。

4. 见面礼仪包括:____________、____________、____________。

5. 汽车营销人员工作礼仪:____________、称呼礼仪、____________、握手礼仪、____________、电话礼仪、____________。

(二)判断题

1. 入座时动作应轻而缓,轻松自然,可随意拖拉椅凳。 (　　)

2. 握手也讲究一定的顺序,一般讲究"尊者决定"。 (　　)

3. 鞠躬时必须立正、脱帽,鞠躬前视对方,以表尊重的诚意。 (　　)

4. 办公室服饰的色彩不宜过于夺目,应尽量考虑与办公室色调、气氛相和谐,并与具体的职业分类相吻合。 (　　)

5. 握手时应注意不用湿手或脏手、不戴手套和墨镜,不交叉握手。 (　　)

(三)简答题

1. 握手礼的顺序是什么?

2. 汽车营销人员个人礼仪包含哪些内容?

3. 汽车营销人员工作礼仪包含哪些内容?

模块四　客户开发

学习目标

1. 能够描述销售准备的工作内容、操作要点及注意事项；
2. 能够叙述潜在客户的定义、作用、开发方法、寻找原则；
3. 能够运用潜在客户开发的步骤进行客户开发；
4. 能够描述潜在客户开发的主要内容；
5. 能够描述客户维护与回访的方法和客户抱怨与投诉的解决办法。

建议课时

4 课时。

一、售前准备

学习情境：刚从学校毕业的小张面试到一家汽车 4S 店从事汽车销售顾问工作，为了更好地开展汽车销售工作，小张应该做好哪些售前准备工作呢？

（一）售前准备的意义

汽车销售前的准备工作，直接关系到客户对品牌的信任和汽车 4S 店的效益。因此在客户到店之前应做好充分的准备，汽车销售顾问的专业程度能给客户留下良好的第一印象，使客户对销售顾问产生安全感和信任感，增强客户的购买信心，促成交易。充分的准备不但能展示品牌的实力，同时也能展现销售顾问的专业素养，并且有利于销售顾问建立销售信心，给客户正面的形象，提高客户满意度。

（二）销售准备的工作内容

1. 每日例会

各汽车 4S 店都有规范的管理制度，每日都会有晨会和夕会等例会。晨会经营的好坏可以直接影响团队的士气和战斗力。汽车销售顾问可以通过晨会上主管话术演练、经验分享等手段来体会到主管的管理和帮助。而针对部分遭遇挫折的汽车销售顾问，主管在晨会运作中也可以使其感悟到团队的温暖和大家的帮助，至少可以在晨会活泼、热烈的气氛中发现其存在的问题，为日后进一步沟通、解决打下良好基础。

每日晨会，汽车销售顾问要确认当日展厅接待排班表，确认展厅中的工作衔接与服务配合。此外，还要清楚当日销售车源信息和库存，明确当日有没有邀约的客户，有没有要交车的客户，有没有要上牌的客户等，对自己当日的工作内容要做到心中有数。

2. 销售工具包准备

销售工具包是汽车销售顾问必备的工具。在接待服务中，汽车销售顾问为了便于服务客户，将服务过程中所需要的办公用品、销售表单及产品资料放在公司统一配置的销售工具包中。汽车销售顾问每天都要对销售工具包进行整理，确认其中文件、工具完备无损。目前有一些高档品牌的汽车 4S 店要求汽车销售顾问用 iPad 等装有视频和公司销售软件的先进设备进行接待服务。

(1)销售人员应该充分使用名片，准备数量要充足，不要吝啬送出名片。名片须按照汽车厂家的规范制作及使用。

(2)销售表单包括试乘试驾文件、销售合同、订单、增值业务文件、保险相关资料、二手车相关资料、上牌服务文件等。

(3)产品资料包括产品单页、竞品对比资料、附件资料等。

3. 展厅环境的准备

销售开始前，销售顾问应先检查展厅环境是否符合要求，如果展厅中出现杂、乱、脏的现象，应该立即复原，维护展厅形象。同时要关注展厅环境的营造，保证给客户提供舒适的购买环境。

4. 展车准备

展车不但展现产品本身，而且还体现了品牌经营的实力。售前销售顾问检查展车是否干净整洁，按厂家要求布置，如图 4-1 所示，并熟悉所展示车辆的配置，以便向客户做介绍。

图 4-1　展车检查

展车准备要符合以下要求：

(1)展车轮胎下方应垫有轮胎垫。

(2)展车功能正常，前座窗户放下，天窗打开。

(3)展车内不得放置任何宣传物品及私人用品。

(4)展车内的座椅都调整至标准位置。

(5)展车内放置清洁的脚踏垫。

(6)展车充电充足,以便展示电气设备。

5. 音乐、CD、DVD、钥匙准备

(1)为了使客户能够顺利、全面地了解产品,车内播放 CD 及 DVD 碟片应随时备取,以便适时向客户演示,使客户能亲自感受产品配置的优点。

(2)展车的钥匙通常由展厅值班主管处统一保管,也可放在适当的地方,以便快速取得。

6. 试乘试驾车辆准备

销售开始之前,应先准备好试乘试驾车辆,保证车辆干净整洁,功能齐全,证件齐全,并将试乘试驾相关的手续资料放在销售文件夹中,以备不时之需。还需要了解试乘试驾车辆的车型及配置,以便客户提出试乘试驾时能及时地给予反馈。

(三)销售准备工作操作要点及注意事项

1. 展厅环境准备

1)展厅形象维护

(1)展厅内、外墙面、玻璃墙等保持干净整洁,应定期清洁。

(2)展厅的地面、墙面、展台、灯具、空调器、视听设备等保持干净整洁,墙面无乱贴的广告海报等。

(3)展厅内所有布置应使用汽车厂家提供的标准布置物或按品牌汽车公司标准布置。

注意事项:销售准备是实现销售的基础和前提,销售顾问应用严谨的态度对待工作。

2)展厅环境营造

(1)展厅内保持适宜、舒适的温度。

(2)展厅内的照明要求明亮,令人感觉舒适。

(3)展厅内须有隐蔽式音响系统,在营业期间播放舒缓、优雅的轻音乐。

3)展厅商品宣传资料准备

(1)展厅内摆设应有斜立展示牌,用于摆放与展示车辆相对应的各种车型目录。

(2)资料架中的产品宣传资料要齐全,及时检查补充,保证每种车型的不少于 20 份。

(3)横幅、背景板、X 展架等宣传资料应保持整洁无破损。

4)展厅接待台

(1)展厅接待台规范醒目,布置干净整洁有序。

(2)在固定位置依次摆放销售顾问名片,辅助工具准备齐全、功能正常。

2. 展车准备

1)展车外观准备

(1)展车应始终保持清洁,应有标明车型的前后牌。

(2)降下前车门车窗,开启天窗。

(3)开启展车门锁,取下钥匙,集中于展厅值班主管处统一保管。

(4)展车之间相对的空间位置和距离、展示面积等参照厂家《展示布置规范示意图》执行。展车准备好后,应在销售过程中检查,并复原到要求的标准位置。

2)展车内部

(1)各项电气设备使用正常,时钟与音响预先设定。

(2)展车采用专业脚垫。

(3)发动机舱内部可见部分、行李舱内部保持洁净,随车物品摆放整齐。

(4)转向盘高度调整到标准位置,座椅头枕调至最低位置。

注意事项:展车准备好后,应在销售过程中检查,并复原到要求的标准位置。

3. 试乘试驾车准备

1)车辆准备

确保试乘试驾车运行状态良好,进行必要的日常维护,保证车辆在最佳状态。车辆燃油充足,车内外保持干净、整洁,无破损。在做准备的时候应该充分考虑客户的需求,应根据不同客户的需求及客户的特点准备相应的物品资料。

2)文件资料准备

试驾车证照、保险要齐全,并准备好试乘试驾路线图及《试乘试驾须知》。

注意事项:在做准备的时候应该充分考虑客户的需求,应根据不同客户的需求及客户的特点准备相应的物品资料。

4. 销售工具的准备

销售工具主要有销售顾问个人名片、笔、笔记本、公司简介、产品宣传单页、竞品资料、报价单、销售合同、保险精品等销售资料。表格准备包括展厅来电(来店登记)表、客户管理卡、营业日报表、客户级别月度管控表。

5. 个人准备

1)素质技能的准备

汽车销售顾问的素质技能包括心态、合理的知识结构和职业技能(需长时间的积累),有积极乐观的心态,会调节自我情绪。

(1)产品知识。

汽车销售顾问要熟悉品牌产品,掌握各车型的配置、性能和所有的技术参数,随时能为客户提供专业的讲解。对于竞争品牌的产品,要有能力提供给客户相关信息进行参数分析和比较。同时准备充足的产品资料,包括视频、图片、软文等,方便客户随时查阅。

(2)生活素质和工作能力。

汽车销售顾问应加强学习,提高自己的生活素质和修养,不断提高自己的综合能力,丰富专业知识,以便顺利地和客户接触、交谈及成为朋友,建议多涉猎各方面信息,储备与客户寒暄问候的话题,以拉近与客户的距离,为客户提供无压力销售环境。同时要具有控制与客户谈判进度、介绍车辆节奏的能力,能够让客户信服自己,相信自己的专业知识。

(3)汽车业界消息。

汽车销售顾问应该充分了解汽车业界中品牌及车型的发展消息,掌握最新、最全、最准确的汽车行业动态,国内外新车型、独家报道、黑幕曝光、政策法规等汽车新闻,及时了解国产新车、进口新车、汽车热点追踪、汽车行业动态、车闻轶事等国内最新消息,掌握汽车的新技术、新工艺、新材料及新动态,可以为客户提供及时有效的服务。

2)自我形象的准备

按照销售顾问要求整理仪容仪表,生活上要有合理的安排,做到精神饱满,才能在工作场合中永葆旺盛的斗志。使用规范礼貌的语言塑造良好形象,汽车销售顾问是通过语言来沟通各种信息、接待客户、展示汽车、与客户进行洽谈、说服客户及达成交易。

6. 工作对象的准备

1)收集整理客户信息

(1)根据营销活动计划,收集销售线索,整理客户意向信息。

(2)准备好客户管理卡、营业活动日报表,并拟订当日客户跟进计划。

2)客户信息跟踪

(1)定期通过亲访、电话、短信、邮件等方式保持对保有客户的跟踪和维系。

(2)有重点、有秩序地发掘潜在客户,适时进行有效跟踪。

二、潜在客户开发

学习情境:小张是刚面试到汽车4S店的汽车销售顾问,没有客户资源,而且到店的新客户数量逐渐减少,小张应该如何开发潜在客户呢?

(一)潜在客户开发的作用、方法和原则

1. 潜在客户的定义

所谓潜在客户,是指对某类产品(或服务)存在需求且具备购买能力的待开发客户,这类客户与企业存在销售合作机会。经过企业及销售人员的努力,可以把潜在客户转变为现实客户,潜在客户具备“用得着”和“买得起”的两个基本要素。

2. 潜在客户开发的作用

潜在客户开发是销售工作的第一步,在确定市场区域后,要确定潜在客户的位置并取得联系,并把潜在客户变为事实客户。做好潜在客户的开发,有利于提升销售顾问销售业绩和提高企业的经济效益和市场占有率。

3. 开发潜在客户的方法

汽车销售顾问寻找潜在客户通常有两种途径:客户主动到展厅(含打进电话)和汽车销售顾问主动获取。具体方法有以下几种:

(1)展厅(来电、来访)。

(2)介绍(老客户、亲朋等)。

(3)活动(车展、俱乐部、车友会、调研等)。

(4)协作(媒体、运管处、保险公司、银行证券业等)。

(5)随机(黄页、网络、地毯式、聚会、交友等)。

4. 寻找潜在客户的原则

(1)寻找潜在客户的“MAN”原则。

M:Money,代表“金钱”。所选择的对象必须有一定的购买能力。

A:Authority,代表购买“决定权”。该对象对购买行为有决定、建议或反对的权利。

N:Need,代表需求。该对象有这方面(产品、服务)的需求。

(2)MAN 原则的具体对策见表 4-1。

MAN 原则 表 4-1

购买能力	购买决定权	需求
M(有)	A(有)	N(有)
m(无)	a(无)	n(无)

在寻找潜在客户的实际操作中,应针对情况采取相应的处理对策,见表 4-2。

MAN 原则应用 表 4-2

客户信息	相应处理对策
M+A+N	是有望客户,理想的销售对象
M+A+n	可以接触,配上熟练的销售技巧,有成功的希望
M+a+N	可以接触,并设法找到具有决定权的人
m+A+N	可以接触,需调查其业务状况、信用条件等给予融资
m+a+N	可以接触,应长期观察、培养,使之具备另一条件
m+A+n	可以接触,应长期观察、培养,使之具备另一条件
M+a+n	可以接触,应长期观察、培养,使之具备另一条件
m+a+n	非客户,停止接触

由此可见,潜在客户有时欠缺了某一条件(如购买力、需求或购买决定权)的情况下,仍然可以开发,只要应用适当的策略,便能使其成为公司的新客户。

(二)潜在客户开发的步骤

1. 了解潜在客户

汽车销售顾问要从各种渠道了解潜在客户,并进行主动联络。潜在客户的来源渠道非常广泛,主要包括经销商分配的潜在客户、来电的潜在客户、市场活动收集的潜在客户、销售人员掌握的潜在客户及其他渠道获取的潜在客户等。汽车销售顾问还可以通过网络开发意向客户、由售后转为介绍意向客户、二手车市场挖掘及主动发展人脉等方式获取潜在客户。

2. 建立潜在关系

1)网络潜在客户联络

主动联络并邀约客户是达成客户邀约的重要环节,对于有增加配备的潜在客户,汽车销售顾问应在接到客户系统分配资料的 24h 内进行第一次跟进。在开始打电话之前,汽车销售顾问应做好必要的准备工作。在通话过程中要将重要信息记录下来,具体准备工作如下:

(1)潜在客户的姓名、称谓。一定要用礼貌规范的用语称呼对方。恰当的称呼会让客户感到亲切,话术示范:"您好,请问是×先生吗?"或"您好,请问是×经理吗?"

(2)邀约潜在客户的理由。汽车销售顾问应以为客户提供信息、邀请到店参加活动等关心客户的角度出发,体现汽车经销商和汽车销售顾问规范、专业、人性化的服务。

(3)邀约潜在客户的技巧。汽车销售顾问应以客户为中心,为客户着想,认真将要表达的内容组织好,尽可能准确、简短地表达清楚,以节约客户的时间。

(4)全面了解潜在客户可能会提出的问题才能专业、准确地回答出客户提出的问题,以体现汽车经销商规范的管理和汽车销售顾问良好的职业素质,进而赢得客户的好感和信任。

(5)应对客户拒绝的技巧。电话邀约客户时,遭到客户的拒绝是很正常的事情,从某种程度上说,销售始于"拒绝",汽车销售顾问要正确对待客户的拒绝,对客户保持关注。

2)拨打电话

明确按照流程邀约客户,即确认对方个人信息、自报经销商及自己的姓名与服务、告知致电原因,寒暄问候、礼貌告别、待客户挂断电话后轻放电话。

话术示范:

汽车销售顾问:您好,请问是张××,张先生吗?

客户:对,我是,你是哪位?

汽车销售顾问:张先生您好,我是××销售服务店的销售顾问李波。您昨天登录我们××公司的网站,希望了解我们的×××车型,所以今天我打电话跟您沟通一下。

客户:是这样,那款车现在卖得怎么样?

汽车销售顾问:张先生,谢谢您对我们×××车型的关心,现在这款车很受市场的关注,而且有相当多的客户已经预定和购买了,大家反映这款车不错。

客户:那要买这款车是不是需要等很久呀?

汽车销售顾问:张先生,近期×××车型在店里正好有统一的活动,希望大家对我们的×××车型有进一步的了解,因此,我们也邀请您来我们店,到时有试乘试驾活动,另有精美礼品赠送,此外还有抽奖活动,奖品很丰厚,到时可以带着您的朋友一起来。

客户:好的,请问活动什么时候举办?

汽车销售顾问:这个周末,分上午场和下午场两场,请问您什么时间能到?

客户:上午吧。

汽车销售顾问:上午,好的,张先生,咱们先这样确定下来,活动前两天我会再给您打电话确认一下,如果有什么问题也请及时联系我,我的电话是××××××××。稍后会把我的联系方式发到您的手机上。期待您的光临。

提示:汽车销售顾问在与客户进行电话沟通过程中往往需要做必要的文字记录,最好用左手拿听筒,右手写字或者操纵计算机,这样可以轻松自如地达到与客户沟通的目的。

3)汽车销售顾问掌握的潜在客户联络

汽车销售顾问不仅要完成公司分配的邀约任务,还应积极拓展自己的潜在客户渠道。汽车销售顾问往往可通过来电客户、外拓客户、推荐介绍客户、换购增购信息、朋友及客户推荐等渠道得到潜在客户。对于外拓客户应主动获取客户信息,并持续进行跟进。

话术示范:

汽车销售顾问:李小姐您好,我是××汽车4S店的销售顾问张伟。

客户:哦,您好,你有什么事情吗?

汽车销售顾问:李小姐,是这样的,您昨天来电向我们咨询公司的新车,真巧,今天我们接到消息,下个周日针对这款新车会在店里举行上市发布会。

客户:哦,是吗,可以看到新车吗?

汽车销售顾问:当然,这款新车今天已到店,我们也是第一次看到,非常不错。您对我们的新车一直都很关注，为了表示我们的谢意，诚恳邀请您和您的家人来我们店参加新车上市活动，到时您也可以近距离地了解这款新车，相信一定不会让您失望。

客户：好的，如果那天没有别的事情的话，我会过去看看。

汽车销售顾问：好的，欢迎，欢迎，我会提前两天跟您确认您的时间。我的电话是×××××××××，如果有问题，请及时联系好吗？

3. 客户信息沟通

汽车销售顾问听电话时要聚精会神，仔细倾听客户的询问，理解客户讲话所表达的意图。在通话过程中，要不时说“是”“对”以反馈客户，要与客户形成积极的双向交流。

提示：通话时要耐心、热情、准确、专业。

通话时，汽车销售顾问应注意谈吐的礼貌、规范，声音要适中、清晰、柔和；注意力要集中；面带微笑，让客户感觉到说话人快乐的心情，从而感到舒适、轻松，没有压迫感。如实、专业地进行回答客户提问，并对车辆的品牌、性能、特性等进行准确、专业的介绍。

汽车销售顾问接听电话过程中要适时发问刺激客户谈话，了解尚不清楚的事情，如：“您看中了我们的哪款车？”“您已经决定购买该车型了吗？”对于重要或不明白的内容，可以请客户重复一遍再次确认，如：“不好意思我没听清楚，请您再说一遍好吗？”“请问您刚才说的是不是……”汽车销售顾问要解答客户的咨询，并进一步判断客户的真实需求。

汽车销售顾问在打电话与客户交流过程中，要抓住客户的关键信息，如客户联系的日期与原因，与客户交流的结果，客户到店或购买车辆的可能性以及到店日期。

4. 邀约到店

在与客户沟通过程中，应主动介绍公司当期市场活动信息，吸引客户前来展厅，邀约潜在客户随时来访汽车4S店，如有可能应与客户预约好到店时间。

话术示范：

×先生/女士，您好！我是××4S店汽车销售顾问小赵，本周末我公司即将开展“××”店内促销活动。特邀请您和您的家人来参加，希望为您呈上开心购车礼，因为除了部分车价特别优惠之外，还准备了多重礼品，这是××及其他车型最好的购买时机，现场惊喜连连，周末期待您的光临！

（三）潜在客户开发的主要内容

1. 了解产品定位

在寻找潜在客户之前，销售顾问应先了解产品及产品定位、产品面向的客户群特征，才能有效地找到潜在客户，减少客户开发的盲目性。

如国产小排量经济型轿车（车价在6万元以下）主要面对中低端市场，客户群应该是收入不高、年龄不大的年轻人或者是普通收入、精打细算的家庭。中端实用型家庭轿车（车价在6万~18万元）主要面向中端市场，客户群体大多是收入较高、生活负担不重的年轻白领或比较富裕的家庭，而高端、大排量豪华运动型商务车（车价在18万元以上中高档车型）面向高端市场，客户群体基本是中高级商务人士、成功人士或有较高权利地位的人群。

2. 寻找潜在客户

客户是销售经营活动得以维持的根本保证，在这个“客户经济时代”，客户资源成为企业最重要的资源之一,因此潜在客户开发是销售成功的开始。寻找潜在客户的方式有多种,例如逐户访问、广告寻找、连锁介绍、查询资料、名人介绍等方法,各种方法都有其利弊,在运用时要注意针对不同的人群,选择合适的方法,才能有效地达到目的。

3. 潜在客户评估定级

根据客户的购买时间和购买意向,建立客户信息,将客户进行分级管理,以便确定后续的跟踪周期及频率。潜在客户级别的判定依据主要是客户首次留下可联系信息到下订单的时间段,跟踪回访日起到下订单的时间段,和在客户接待中需求分析(5W2H)的深层次分析。按客户购买时间分级见表4-3。

客户分级标准 表4-3

级别	判别基准	购买周期	跟踪频率
O级 (订单)	(1)购买合同已签; (2)全款已付但未提车; (3)已收定金	预收定金	至少每周一次
H级	(1)车型车色已选定; (2)已提供付款方式及交车日期; (3)分期手续进行中	7日内成交	1~2日一次
A级	(1)已谈判购车条件; (2)购车时间已确定; (3)选定下次商谈日期; (4)再度来看展示车	7日以上至1个月内成交	每周一次
B级	(1)正在决定拟购车种; (2)对选择车种犹豫不决; (3)经判定有购车条件	1个月以上至3个月内成交	每两周一次
C级	购车时间模糊		每月一次

注:不同品牌分级方式不同,以及代码也不同,以上客户分级仅为参考。

4. 客户跟踪

客户跟踪需要有系统、有重点、有次序地追踪客户,适时给客户提供帮助,在合适的时机接触客户,这样才能提高工作效率和最终成交率。要注意的是避免遗忘对重要客户的追踪。

(1)已成交客户。主要跟踪车款作业、领牌作业、保险作业、配件工作和交车作业。

(2)H、A、B级潜在客户。主要强调产品信心、购买抗拒处理、疑问的解答、促进成交购车流程说明、购车需求分析。

(3)VIP、保有客户、未成交客户。主要提供产品、活动咨询、宣传售后服务。

(4)C级潜在客户。帮助树立品牌信心、介绍本品牌汽车及产品卖点、销售顾问自我介绍、搜集整理客户资料、对有望购车者商定下次来访时间。

(四)潜在客户开发工作操作要点及注意事项

1. 了解产品定位

熟悉自己产品的市场定位,锁定客户群体及掌握产品所面对的客户群体的特点。

2. 寻找潜在客户

(1)做好客户开发前的准备:要详细了解和熟悉产品的品牌、车型、技术参数、配置,熟悉产品销售的政策、条件和方式,同时了解竞争对手的产品与你所售车型的差异。

(2)掌握寻找潜在客户的方法,针对不同客户采取不同措施,要善于变通。需要有计划、有准备地进行,注意在时间、地点、谈话内容的选择上要能拉近与客户之间的距离。

(3)制订客户开发方案:明确对象、方式、内容、时间、地点,并有耐心和坚定的毅力。

3. 潜在客户评估定级

明确客户分级标准,根据客户的言行及客户给出的信息对客户进行评估定级,填写相关表格,记录客户信息并整理分类,以便后续跟踪。潜在客户的资料要经常更新、定期盘点,确保资料的正确性。

4. 客户跟踪

潜在客户的跟踪是有周期性的,不同阶段要有不同的维系方式,主要是以关怀和提醒为目的,客户跟踪需要持久的耐力和技巧。

三、客户维护与回访

学习情景:小张做汽车销售顾问两个月了,接待了一些到店客户,也开发了一些潜在客户,但是成交率还是不高,要做一个优秀的汽车销售顾问,提升销售业绩,小张应该如何做好客户的维护和回访呢?

企业要更好地发生存和发展,首先要解决的问题就是市场问题,市场占有率的多少直接关系到企业的收益、利润,而企业的收益和利润又来自于市场中的客户,客户的多少是直接影响企业利润的主要因素,良好的客户关系才能够让销售员的业绩稳步上升,即使是新手也能够找到更多的客户资源,成交率也会越来越高。

(一)客户维护与回访的重要性

在汽车销售行业,汽车营销人员一次性谈成客户的概率不高,80%的客户是在跟进中实现的。跟进的方法和技巧得当可以有效提高业绩,跟进是提升销售能力的重要方法。在客户的跟进过程中,要以建立关系和好感、以解决客户疑虑、以快速成交为中心思想。

(二)客户维护与回访的方法

1. 建立客户档案

建立健全客户档案,记录客户的每一个细节。客户档案的内容不仅限于客户的姓名、年龄等,还包括客户的爱好、家庭情况以及购买的产品类型、使用情况、年限、与客户联系过的时间、内容;客户的订货情况,包括时间、品种、数量,与客户的承诺;客户对公司产品或同类产品的使用情况,客户透露过的需求等。

2. 拉近客户距离

可以采取电话、短信、微信、QQ等各种聊天方式与客户取得联系,谈谈他们购买的产品及兴趣爱好等。

案例导入：

【情景1】借助基盘客户获得潜在客户资料

话术步骤1：你好啊！××先生，我是××4S店的小李啊！最近工作挺顺利的吧！

技巧指导：对于基盘客户，要经常保持联系，这样他们在周围人群准备买车时才会想到你。一般而言，可以通过下面三种方式保持与客户的密切联系：

①重大的节、假日邮寄贺卡和送小礼物；

②每年至少与他们通话5次；

③每年亲自访问6次。

每次打电话时，要多关心对方的工作、身体、家庭情况，拉近与客户的距离。

客户回应：啊！是小李啊！最近一段时间老加班。

说明：说明客户记得打电话的销售人员。

话术步骤2："托你的福，上次你介绍的那位朋友最终买了一款跟您相同型号的车，今天他来维护的时候还提到您呢。谢谢您给我介绍了那么多朋友。对了，上次曾听你介绍过，×单位的老总是你的朋友，正好我们公司有点业务方面的事情想麻烦他，您能不能把他的联系方式告诉我一下？"

技巧指导：向客户表示感谢（话语、礼物）。对于客户每一次给予的帮助要及时感谢，以后每次有机会时要注意提及并道谢。如果能够像乔·吉拉德那样能够给一点佣金或礼物作为回报的话，对客户转介绍客户会有很大的帮助。快速切入主题，表达意图。同时，尽快切入你打电话要找这位客户的真实意图，别在电话中老占客户的时间，浪费他们的金钱。

客户回应：我找一下，××他的办公电话是××，手机电话是××。要不要我先打个电话给他？

说明：只要客户信得过你，通常情况下他们都会把自己知道的情况告诉你。当然，这必须是你与客户的关系就像朋友一般。

话术步骤3："谢谢了！等哪天有空我专程去拜会他一下，就说你介绍的，可以吗？你的工作也很忙，改天等你有空的时候我专程登门拜访。那谢谢了！再见！"

【情景2】巧妙应对客户拒绝

话术步骤1：您好！是××公司的刘先生吗？我是××汽车4S店的汽车销售顾问×××。听说贵公司准备采购一批新车，正好我们公司经销的汽车与你们的采购条件较符合，所以特地打电话向您请教。

技巧指导：作完自我介绍后，要说明打电话的意图，消除客户的戒备心理，并让客户能够接纳销售人员，"请教"这个词要常用，同时，要作停顿，给客户一个思考的空间。

客户回应：你是怎么知道我的电话的？你们是怎么知道我们准备采购汽车的？

说明：当客户提出这样的问题时，说明他们真的有购车计划，算是找对人啦。

话术步骤2：正如您所知道的，要做好销售必须要有敏锐的眼光，我们汽车销售顾问也不例外。从最近某媒体对贵公司的报道来看，随着贵公司业务迅速发展，必定会有添购汽车的需求，所以我就打了这个电话。这不，正好有这样的机会让我们能够为贵公司提供服务。

客户回应：真是这样的吗？不过我们已经初步选定合作单位了，如果以后再有这样的机会，我们会主动与你们联系的。

说明:客户开始拒绝销售人员,并想迅速中断这次电话拜访。此时,只要客户未果断地挂断电话,还有销售的机会。

话术步骤3:我理解你们的要求,也感谢你接了我的电话。其实今天打电话的目的不是来向您推销我们的汽车,只是找一个机会把××公司(客户同行公司)为什么预先都选定了某款车,但后来又重新调整了他们的选择的情况向你汇报一下。

技巧指导:一般而言,客户都较关心他们的同行特别是竞争对手的情况。要让客户尽快接受销售顾问的预约,最佳的方法是找到他们的竞争对手、他们的同行在购车时关注的问题,最容易获得陌生客户的接纳。同时,“汇报”这个词也容易拉近与客户间的距离。

3. 建立客户信誉

在与客户的交往中一定记得不要轻易许诺,承诺了的事情一旦无法兑现将会降低汽车销售顾问在客户心目中的信誉度,所以当客户提出任何要求时,要多用诸如“我尽量帮你想办法”“我帮你打申请报告看领导能不能批”等这样不肯定的语句,给自己留有周旋余地,事后要想办法满足客户的要求。建立了良好的信誉度,客户就能放心与汽车销售顾问合作。

4. 互惠互利原则

销售也是要讲究策略的,当产品赢得了客户的满意后,在保证利润的前提下可以适当让利给客户,使客户感觉到汽车销售顾问的诚信,愿意与汽车销售顾问合作。

5. 及时跟踪原则

对产品做好后续跟踪,询问车辆是不是好用,有什么问题需要解决,以及有些什么功能还可以加以完善等,让客户从心里觉得你并不是为了赚钱而销售,而是把产品质量放在第一位的。

6. 利益共享的原则

在汽车销售过程中,买卖双方都是建立在利益共享原则上的,所以发展每一笔业务都要记住利益是要共享的,每一次合作的成功都是为下一次合作打基础,如果汽车销售顾问违背了这一原则,后果将是客户的慢慢流失。

7. 用心倾听原则

听取客户的倾诉,并能及时判断客户所要表达的意思,平心静气积极想办法帮他解决问题,这样客户会从心底里感激汽车销售顾问,也会与汽车销售顾问建立长期合作的关系。

8. 灵活掌控原则

销售工作没有止境,在维护客户关系中一定要善始善终,刚柔并济,做到真正用心想客户所想,急客户所急,让客户从心理上对汽车销售顾问产生依赖。

(三)客户维护与回访的技巧

1. 全面详细地了解客户情况

汽车销售顾问首先应该对客户进行一个全面详细的了解,尤其是电话销售。客户对于电话销售人员来说并不熟悉,就需要通过客户档案资料、公司外部销售人员了解客户情况,包括客户所在地、与客户沟通的语言、最近可能跟外部销售人员达成的某些口头承诺等;否则,在跟客户的电话沟通中,尤其是新客户,沟通显得陌生而无味,客户会有排斥心理。

2. 确定客户跟进计划

当汽车销售顾问对客户有一个比较全面的了解时,再根据公司的销售目标,确定一个客户跟进计划。客户跟进计划一般包括以下内容。

(1)客户的基本情况,如客户名、客户规模、客户交易明细、联系人及其联系方式等。

(2)公司需要达成的销售目标。

(3)需要了解客户的哪些情况。

(4)采取哪种方式与客户进行协商。

3. 执行客户跟进计划

确定了客户的跟进计划,就要执行这个计划。根据计划所提到的项目,逐一进行跟进。

4. 兑现承诺

打电话和发短信这两种跟进方式都属于与客户的沟通,电话销售人员还要用实际行动让客户真正感受到你的真诚,即必须要兑现曾经做过的承诺。如果不兑现承诺,失信于客户,那么客户跟进工作就将无济于事。

5. 开发老客户

对于竞争激烈的汽车销售市场,电话销售人员必须要有一系列的适应市场快速变化的措施和能力。对于电话销售人员来说,储存能量就意味着要有自己的老客户。打第一次电话开发新客户时,会有很多的阻碍,而打给老客户时,情况就会好转很多。

如果电话销售人员与客户第一次交往时提供的各项服务都很到位,那么客户不但不会有任何排斥心理,而且还可能会很期待着新一代产品。这样,客户不但会接受电话销售人员及其产品,而且还会把自己在这方面的购买对象及经验介绍给其他的潜在客户。

(四)客户抱怨与投诉处理

客户抱怨与投诉是客户对汽车产品或服务质量不满的一种具体表现。对客户的抱怨与投诉处理得好,不仅可以增强客户的忠诚度,还可以提升企业形象。

1. 客户抱怨与投诉的意义

(1)客户抱怨与投诉可以使汽车4S店开创新的商机,客户投诉可以反映汽车4S店的产品或服务所不能满足的客户需求,注意研究这些需求,可以帮助汽车4S店开拓新的商机。

(2)客户抱怨与投诉可以使汽车4S店获得再次赢得客户的机会,许多案例说明,汽车4S店只要处理得当,客户大都会比抱怨与投诉之前具有更高的忠诚度。

2. 客户抱怨与投诉的产生

当客户在接受服务的过程中进行抱怨与投诉时,具体原因可以归结为以下三方面:

(1)产品方面,品牌形象、产品质量、产品价格、维护索赔和附加价值。

(2)服务方面,人员素质、环境条件、服务态度、承诺履行、维修能力和工作效率。

(3)客户自身与外界方面,未规范使用车辆功能、服务条款理解、感受与期望和与众攀比。

3. 客户抱怨与投诉的解决

汽车销售顾问应该明确厂家和汽车4S店处理客户抱怨与投诉的流程和机制;若遇到客户抱怨与投诉发生时,第一时间以正面、积极的态度协调处理客户抱怨与投诉,不推诿,不逃避;汽车销售顾问应按客户抱怨与投诉流程进行处理。

1)心理准备

接待客户抱怨与投诉非常具有挑战性,汽车销售顾问应随时做好准备,接受客户的投诉。

(1)持欢迎态度。接到投诉是一件不愉快的事情,但抱怨与投诉也有其积极的一面。对于客户抱怨与投诉应持欢迎和重视的态度,将其作为对客户服务的一次有利机会。

(2)树立“客户总是正确的”信念。客户抱怨与投诉正说明汽车4S店的服务和管理存在问题,应作一定的改进。虽然客户的言行举止有些过分,但应提倡即使客户错了也要把“对”让给客户,尽量减少与客户之间的对抗,以达到解决客户抱怨与投诉的目的。

(3)掌握客户心态。客户的抱怨与投诉是由于不满意或一时的气愤,此时常常表现出“求尊重、求补偿、求发泄”的心态,因此汽车销售顾问在受理客户抱怨与投诉时要给客户适当的发泄机会,以示对客户的理解和尊重。

2)处理客户抱怨与投诉的原则

(1)先处理情感后处理事件。

(2)不回避,第一时间进行处理。

(3)了解投诉的原因与事实,明确控制范围。

(4)面对不合理要求,必要时要坚持原则。

(5)为达成满意协商,可征询客户意见,适当地调整解决方案。

(6)不作过度的承诺。

(7)站在客户的立场上将心比心。

3)处理抱怨与投诉的方法

(1)倾听。

无论客户抱怨与投诉的原因是什么、抱怨与投诉的是谁,汽车销售顾问都应该首先感谢客户提出了宝贵意见,并以诚心诚意的态度来倾听客户的抱怨与投诉,记录要点。把80%的时间留给客户,允许客户尽情发泄。客户在发泄后会冷静地等待处理。

(2)冷静分析。

在聆听客户的抱怨与投诉后,汽车销售顾问必须冷静地分析事情发生的原因。客户在开始陈述其不满时往往都是一腔怒火,有许多客户往往因为自己的不良动机而故意夸大自己的不满,以求同情,从而达到自己的目的。这时就需要汽车销售顾问在倾听的过程中准确判断客户真正不满之处,有针对性地进行处理,从而防止节外生枝,扩大事态。

(3)找出解决方案。

具体问题具体分析,按实际情况科学解决投诉,援引公司的政策制度和国家法律法规进行处理,处理投诉要公平合理,超出权限范围的,客服要向客户说明,并迅速请示上级,对于确实属于客服失误的,早处理,暂时无法处理的,可将事情详细记录,留下客户的联系电话,并承诺尽快答复(承诺必须办到)。

(4)化解不满。

客户在抱怨与投诉时会表现出烦恼、失望、泄气、发怒等各种情绪,不应当把这些表现当作是针对汽车销售顾问个人的不满。要让客户知道汽车销售顾问非常理解客户心情,至少从客户的角度看,客户的情绪与要求是真实的。

(5)采取适当的应急措施。

为客户提供选择和诚实地向客户承诺。如果客户不满意,需要转换交谈的地点,分散客户的精力,波动的情绪更能快速缓和下来。如果遇到自己处理不了的投诉,要及时请示上司。

(6)处理结果总结。

对于每一次客户抱怨与投诉,都必须做好妥善的书面记录并且存档,以便日后查询。应定期检讨抱怨与投诉处理的得失,经常发生的某种类投诉,必须追查问题的根源,或是制订处理的办法。对偶发性或特殊情况的抱怨与投诉事件,也应制订相应规定。

技能实训

(一)建立客户信息卡

1. 准备工作

(1)场地设施:真实模拟汽车销售展厅的场地、实训室。

(2)设备设施:电脑、DMS 系统。

2. 实训过程

(1)打开 DMS 系统寻找潜客信息。

(2)根据客户的主动性、名单的时间性等因素确定客户的优先等级。

(3)制作客户信息卡(表 4-4)。

客户信息卡 表 4-4

客户信息卡:					创建日期:			
接待客户信息					成交客户信息			
购车人			联系人		车主		身份证	
大概住址			家庭人口		使用人		生日	
职业			购车方式		通信地址			
兴趣车型			来电(店)方式		电子通信方式			
备注:					兴趣爱好:			
购车分析					备注:			
新车主要使用人	1. 男士	2. 女士	3. 男女公用		成交车辆信息			
新车主要用途	1. 家用代步	2. 偶尔商用	3. 政府机关	4. 经常出差	车牌号		开票价格	
新车购买着重点	1. 经济省油	2. 时尚外观	3. 安全舒适	4. 动力强劲	车架号		发动机号	
	5. 科技感强	6. 品牌卓越			交车日期		保险生效期	
用车习惯	1. 快速飞车	2. 偶尔小快	3. 平稳驾驶		保险公司			
主要用车路程	1. 市区较堵	2. 郊区平顺	3. 红灯较多	4. 高速公路	保险项目	1. 交强险	2. 第三者责任险	
新车店面选择	1. 服务设备完善	2. 离家近	3. 服务质量	4. 售后维修		3. 盗抢险	4. 车损险	5. 玻璃单独破碎险
	5. 价格最优	6. 店面口碑				6. 刮痕险 元		7. 附加不计免赔险

续上表

<table>
<tr><td>购车预算</td><td></td><td>牌照归还</td><td>本地</td><td>外地</td><td rowspan="2">服务卡级别</td><td rowspan="2">1. A 卡</td><td rowspan="2">2. A + 卡</td><td rowspan="2">3. A + + 卡</td></tr>
<tr><td>用车时间</td><td></td><td>客户性质</td><td>个人</td><td>公户</td></tr>
<tr><td colspan="5">备注</td><td colspan="4">备注</td></tr>
<tr><td>回访记忆</td><td colspan="4"></td><td>回访记忆</td><td colspan="3"></td></tr>
<tr><td>日期</td><td colspan="4"></td><td>日期</td><td colspan="3"></td></tr>
<tr><td>日期</td><td colspan="4"></td><td>日期</td><td colspan="3"></td></tr>
</table>

(二)客户管理实训

1. 准备工作

(1)场地设施:真实模拟汽车销售展厅的场地、实训室。

(2)设备设施:电脑、DMS 系统、客户信息卡。

2. 实训过程

(1)打开 DMS 系统;

(2)客户信息记录;

(3)确认客户来源;

(4)来电/店信息登记;

(5)意向级别评估;

(6)建卡跟踪;

(7)分析意向客户流失。

(三)技能考核评分表

技能考核评分表见表 4-5。

技能考核评分表 表 4-5

考核内容	工作评价要点	分值	得分
操作技能评定(80 分)	实训准备工作是否到位	3	
	是否熟悉打开 DMS 系统寻找潜客信息	3	
	是否记录客户有效信息	5	
	是否确认客户来源	2	
	是否进行来电/店信息登记	5	
	意向级别评估是否准确	8	
	是否建卡跟踪	8	
	是否分析意向客户流失的原因	5	
	了解产品的定位,并能进行解说	5	
	熟悉产品知识	5	
	熟悉本产品与竞品之间的差别	5	
	针对案例方案设计的可行性	5	
	沟通过程中的应变能力	8	
	沟通礼仪	5	
	整理客户信息,并对客户分级,标注跟踪时间	8	

续上表

考 核 内 容	工作评价要点	分值	得分
综合素质评定（20 分）	是否积极参与团队合作	4	
	是否按要求做到现场 6S 管理	4	
	任务完成综合情况	8	
	是否严格遵守纪律	4	
合计			
学生互评	优点：		
	改进意见：		
教师评价	优点：		
	改进意见：		
学生总结			

模块小结

（1）销售准备的工作内容：每日晨会、销售工具包准备、展厅环境的准备、展车准备、音乐、CD、DVD、钥匙准备、试乘试驾车辆准备、销售工具准备、自我准备、创造良好的第一印象、销售对象的准备。

（2）展厅环境准备包括：形象维护、环境营造、商品宣传资料准备、展厅接待台。

（3）展车准备包括：展车外观准备和展车内部。

（4）试乘试驾车准备包括：车辆准备和文件资料准备。

（5）销售工具的准备主要有：个人名片、笔（记号笔）、笔记本、公司简介、产品宣传单页、竞品资料、报价单、销售合同、保险精品等销售资料。

（6）表格准备主要有：展厅来电（来店）登记表、客户管理卡、营业日报表、客户级别月度管控表。

（7）个人准备包括：素质技能的准备和自我形象的准备。

（8）工作对象的准备：收集整理客户信息和客户信息跟踪。

（9）潜在客户具备“用得着”和“买得起”两个基本要素。

(10)开发潜在客户的方法:展厅、介绍、活动、协作、随机。

(11)寻找潜在客户的"MAN"原则。

(12)潜在客户开发的步骤:了解潜在客户、建立潜在关系、客户信息沟通、邀约到店。

(13)潜在客户开发的主要内容:了解产品定位、寻找潜在客户、潜在客户评估定级。

(14)客户维护与回访的方法:建立客户档案、拉近客户距离、建立客户信誉、互惠互利原则、及时跟踪原则、利益共享的原则、用心倾听原则、灵活掌控原则。

(15)客户维护与回访的技巧:全面详细地了解客户情况、确定客户跟进计划、执行客户跟进计划、兑现曾经做过的承诺、持之以恒地进行联系、开发老客户。

(16)客户抱怨与投诉的解决:心理准备、处理客户抱怨与投诉的原则和方法。

思考与练习

(一)填空题

1. 销售准备的工作内容:____________、销售工具包准备、____________、展车准备、音乐、CD、DVD、钥匙准备、____________、销售工具准备、自我准备、创造良好的第一印象、____________。

2. 展厅环境准备包括:____________、____________、展厅商品宣传资料准备、____________。

3. 展车准备包括:____________和____________。

4. 试乘试驾车准备包括:____________和____________。

5. 销售工具的准备主要有:____________、笔(记号笔)、笔记本、公司简介、____________、竞品资料、报价单、____________、保险精品等销售资料。

6. 表格准备主要有:____________、____________、营业日报表、客户级别月度管控表。

7. 个人准备包括:____________和____________。

8. 工作对象的准备:____________和____________。

9. 潜在客户具备____________和____________的两个基本要素。

10. 开发潜在客户的方法:____________、____________、活动、协作、____________。

11. 寻找潜在客户的____________原则。

12. 潜在客户开发的步骤:____________、建立潜在关系、____________、邀约到店。

13. 潜在客户开发的主要内容:____________、____________、潜在客户评估定级。

14. 客户维护与回访的方法:____________、拉近客户距离、____________、互惠互利原则、____________、利益共享的原则、____________、灵活掌控原则。

15. 客户维护与回访的技巧:全面详细地____________、确定客户跟进计划、____________、兑现曾经做过的承诺、持之以恒地进行联系、开发老客户。

16. 客户抱怨与投诉的解决:____________、____________、处理抱怨与投诉的方法。

(二)判断题

1. 用心的准备能给客户留下好的第一印象,使客户产生安全感和信任感。 (　　)

2. 展车展现的不仅是产品本身,而且也体现了品牌经营的实力。 (　　)

3. 展车的钥匙通常由展厅值班主管处统一保管,也可放在适当的地方,以便需要的时候

快速取得，充分运用。　（　）

4. 素质技能包括心态、合理的知识结构和职业技能（需长时间的积累），有积极乐观的心态，会调节自我情绪。　（　）

5. 在维护客户关系中一定要善始善终，刚柔并济，做到真正用心想客户所想，急客户所急，让客户从心理上对你产生依赖。　（　）

（三）简答题

1. 销售准备的工作包含哪些内容？

2. 潜在客户开发的步骤、内容有哪些？

3. 客户维护与回访的方法有哪些？

4. 化解客户抱怨与投诉的技巧有哪些？

模块五　客户展厅接待

学习目标

1. 能够明确客户展厅接待标准销售流程中的目的和意义；
2. 能够了解客户来电接待流程；
3. 能够掌握电话接听的技巧；
4. 能够了解店内客户接待的主要流程与标准；
5. 能够掌握展厅接待的技巧；
6. 能够培养和提高学生在展厅接待中的分析能力，让客户能尽可能多地了解我们的车辆，以便以后能提高客户对我们产品的了解和增强客户对产品的满意度；
7. 能够演练演示店内接待的关键行为，使学生能够独立完成展厅的接待流程。

建议课时

4 课时。

一、客户来电接待流程

学习情境：汽车销售顾问小黄接到客户来电，黄女士致电××品牌 4S 店，了解迈腾车型优惠情况，有无现车情况等，心里接受上限价格 25 万元，小黄完成客户来电接待。

（一）准备工作

（1）电话机旁放置来店客户登记表及电话记录表。
（2）公司内部电话本。
（3）有关车型资料、按揭资料、库存信息资料、促销信息资料。
（4）售后服务有关信息资料。

（二）电话接听流程

（1）接听电话时应该热情友好。
（2）左手持听筒、右手写字或操作计算机，与客户进行电话沟通过程中做必要的记录。
（3）电话铃声响过 3 声之内接起电话。

图 5-1　电话接听礼仪

(4)注意声音和表情,说话必须清晰,正对着话筒,发音准确。通电话时,用正常的声音和热情友好的语气。使用礼貌用语如“谢谢您”“请问有什么可以帮忙的吗”“不用谢”。

(5)最后道谢。

(6)让客户先收线。

(7)当正在通电话,又碰上客人来访时,原则上应先招待来访客人,此时应尽快和通话对方致歉,得到许可后挂断电话。不过,电话内容很重要而不能马上挂断时,应告知来访的客人稍等,然后继续通话(图 5-1)。

(三)电话接听流程的话术示范

“您好!欢迎致电某某汽车 4S 店,我是销售顾问小黄,很高兴为您服务,请问有什么可以帮您?”

“请问怎么称呼您?”

“黄女士,您了解的车价格是 100000 ~ 250000 元,有排量 1.6L、2.0L 的,黄女士,请问您是要想了解哪款车型呢?”

“1.6L 的有 4 款车型。请问您今天下午或者明天方便到我们展厅来看车吗?到时候我能更详细地为您介绍整车的功能。”

“跟您确定一下,您是明天上午过来还是下午呢?”

“黄女士,请问您的手机号码是多少?稍后我把我们公司的地址和我的联系方式发给您。”

“黄女士,感谢您的来电。我叫小黄,期待您的光临!等待客户挂掉电话后,销售顾问再挂电话。”

二、客户来店接待流程

学习情境:客户黄女士与张先生,30 岁左右,第一次到店,想看看有无合适的车型,销售顾问为客户建立舒适看车氛围,完成客户来店接待,顺利引导进入下一环节。

(一)客户来店接待目的和意义

1. 目的

在销售过程中,店内接待步骤可以让客户树立积极的第一印象。通常情况下,客户对购车经历具有一些负面的预先想法,因此,热忱、周到、专业化的接待将会解除客户的负面情绪并取得客户的信赖,营造一种友好愉快的气氛。通过客户接待标准,让销售顾问更好地完成客户接待工作,提高展厅整体服务标准,为客户提供温馨的服务,提高展厅销量。

2. 意义

(1)通过细化各项指标,提高销售顾问接待水平。

(2)通过标准化工作,做好真实一刻,建立良好印象。

(二)客户来店接待流程

热忱、周到、专业的接待会解除客户的不安情绪并取得客户的信赖,营造一种友好愉快的气氛。客户接待的过程中我们应该运用展厅资源,促成销售。客户来店是一次十分重要的销售环节,必须给客户留下良好的第一印象,消除陌生感,逐步建立信任关系,根据客户意愿匹配相应的接待(图 5-2)。

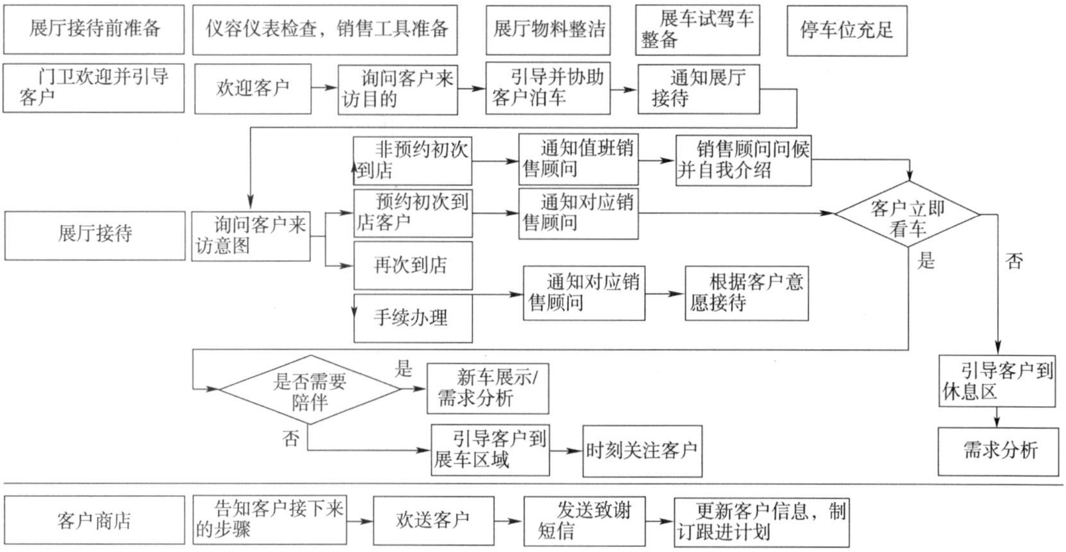

图 5-2　来店接待流程

1. 客户接待准备

图 5-3　接待前准备

(1)客户接待准备按员工礼仪形象标准和办公行政规范标准执行,如图 5-3 所示。

(2)销售工具。

①准备充足的名片。

②随身携带笔和文件夹,随时准备记录。

(3)文件夹清单。

①办公用品计算器,咨询笔记本,笔。

②报价单,精品单,按揭一览表,保险文件。

③竞争对比车型剪辑,产品特性说明。

④订单,合同等,如图 5-4 所示。

2. 客户接待

1)客户进入展厅时。

(1)第一顺位和第二顺位值班人员在展厅门口值班,观察到达客户。

(2)客户进店(不限于购车客户,指所有进店客户,售后、销售及兄弟公司领导)时,主动问好“您好,欢迎光临,”热情迎接,如图5-5所示。

图5-4　准备相关材料

图5-5　客户接待

(3)询问客户的来访目的。

(4)售后维修或理赔客户,指引、带领到售后前台。

(5)精品部客户则指引至精品超市。

(6)办理其他业务,如找指定人员、部门,则按客户需求指引,找公司领导或集团领导,如未预约的则带领客户先到休息区等候,电话通知客户所找的领导。

(7)看车客户则执行以下程序:

①及时递上名片,简短自我介绍并请教客户尊姓。

②与客户同行人员一一招呼。

③引导带领客户到需求车型看车。

④第一顺位值班人员离开接待台时,第二顺位值班人员接替第一顺位值班,同时通知第三顺位派人到接待台。循环执行上述1~6程序,如图5-6所示。

2)客户自行看车

(1)按客户意愿进行,请客户随意参观。

(2)明确说明自己的服务意愿和候教的位置,让客户知道销售人员在旁边随时恭候,如图5-7所示。

图5-6　客户接待

图5-7　客户接待

(3)保持一定距离(在视觉和听觉都关注客户的距离),在客户目光所及的范围内关注客户的动向和兴趣点,如图5-8所示。

（4）客户表示有疑问时，销售人员主动趋前询问。

（5）扩大答疑范围，主动向客户介绍卖点和特性，旁引竞争车型说明该汽车的优点。转入商品说明程序。

3）客户愿意交谈时

（1）先从礼貌寒暄开始，扩大说话面，如谈谈客户对车的需求方向，给客户机会引导对话方向。

（2）回应客户提出的话题，倾听，不打断客户谈话，如图5-9、图5-10所示。

图5-8　客户接待

图5-9　与客户交谈

（3）第一时间奉上免费饮料，茶水。请客户入座，客户入座销售员方可入座。

（4）争取适当时机请客户留下客户信息。

（5）主动邀请客户试乘试驾，转入试乘试驾流程标准。

（6）进入需求分析，促进成交转入需求分析流程、签单流程标准。

4）客户离开时

（1）放下手中其他事务，送客户到展厅门外，再次递上名片，如雨天为客户打伞。

（2）感谢客户光临，并诚恳邀请再次惠顾，如图5-11所示。

图5-10　递交资料给客户

图5-11　欢送客户

（3）目送客户离开，直至客户走出视线范围。

（4）目送客户时，销售员站立在客户车辆后视镜范围内，让客户体验到您在目送他（她）。

（5）回到展厅门口登记来店客户信息。

（6）检查车辆复位情况，将车门、发动机罩关好，座椅调整至最佳位置，取出试听CD、VCD碟及车钥匙放回总台处。

(7)清理客户洽谈区的卫生,保持展厅整洁、干净。

(8)将客户信息记录在客户登记本上,全部建卡并及时跟踪。

5)其他

(1)展厅经理对展厅接待值班进行现场调配。

(2)客户的记录做到完全,例如客户的年龄、性别、电话、单位、车型、长相特征、喜好及所谈重点等,以便分析该客户的类型等级,作出正确评估。

3. 做好客户记录

来店(电)客户登记表、意向客户管理卡、保有客户管理卡(个人、公司)。作为一种科学的客户关系管理工具,能提升客户满意度,提高客户转介绍率。

4. 展厅接待流程话术演示

客户黄女士与张先生,30岁左右,第一次到店,想看看有无合适的车型,今天上午10点到达本店,当客户到店外时销售顾问必须出门迎接。

“先生/小姐您好,欢迎光临一汽某某4S店,请问是来找人还是看车?”如找人需引导入座休息倒水或引导至被找人处。如看车开始自我介绍:“您好,先自我介绍一下,我是销售顾问小黄,很高兴为您服务,请问您怎么称呼呢?今天来店准备看一款什么样的车型?我可以帮您介绍,一会我还可以帮您安排试乘试驾,让您亲自感受我们本店车辆的驾驶乐趣。”

接待过程中不能离开,也不能转交给其他人员接待,如果一定要离开必须得到客户同意,并且离开不能超过5min。离开前:“不好意思,×先生/×小姐,我去办点事情,大概会在5min内回来,您看还需要帮您加点水吗?或者给您拿点杂志或资料,当然资料您也是可以带走的,您先坐着休息,顺便看看,我很快回来。”

三、展厅接待的技巧

掌握展厅接待过程中一些技巧,可以更快地建立轻松愉悦的看车氛围,提高接待环节的成功率和客户满意度,为接下来的需求分析环节打下良好的基础。

1. 展厅接待过程中的技巧

(1)展厅门口应设接待员迎接,如没有,要求销售顾问有标准的迎客流程。

(2)客户进入展厅时,30s内展厅接待和值班销售顾问应起立并主动招呼客户:“您好,欢迎光临!”

(3)展厅接待在接待时,询问客户的来店目的,先用手指示方向,走在客户右前方。

(4)展厅接待应询问客户是否预约,如有预约询问预约的销售顾问姓名,并主动帮客户接洽预约的销售顾问。如果客户有特殊要求(如找人或去洗手间),展厅接待亲自引领客户。

(5)展厅接待把客户介绍给销售顾问,向销售顾问概述客户的意图。由值班销售顾问开始接待客户。

(6)展厅接待按照排班制度通知下一位销售顾问等待客户。

(7)展厅接待登记来访客流量登记表,下班离岗前填写展厅客流量统计分析表。

(8)销售顾问将客户引至客户休息桌,业务洽谈区或车旁。

(9)销售顾问主动介绍自己,并首先递上名片,礼貌地请教客户的称谓。

(10)销售顾问应始终保持真诚的微笑,以充满活力且亲切的语气与客户交谈。

2. 接近顾客技巧

开场白:成功接近客户后,不要立刻进入主题,可迅速而适当地回答客户的询问,或面带微笑,显示出诚恳、关心对方的样子,或用一般性的话题揭开彼此的隔阂。

(1)问候主人与在场者。

(2)递出名片自我介绍。

(3)弄清在场者关系。

(4)安排适当座位。

(5)找出轻松话题。

(6)诚恳、轻松交谈。

3. 探询客户需求的技巧

(1)开放式:多用于健谈的客户。

例如:"请问买这辆车是给什么人使用的?"

(2)封闭式:多用于不健谈、安静的客户。

例如:"请问这辆车是不是您要使用的?"

(3)二选一:多用于不健谈、安静的客户。

例如:"请问是您还是您夫人要使用这台车?"

(4)观察法:由服装、随行同伴观察、推论。

4. 满足客户需求

准确获知客户需求,才能百战百胜。

让客户知道车辆价值远大于标示的价格。

价值 > 价格——便宜(想买)。

价值 = 价格——两边都不是(犹豫)

价值 < 价格——贵(不想买)。

技能实训

在教师的引导下,以小组为单位学习相关技能,完成以下场景设置的车辆推介方法练习,最后以展厅接待流程作为实操参加考核并给予相应评价,见表 5-1、表 5-2。

实训场景表 表 5-1

情境一		
场景信息	到店次数	首次到店
	时间	早 11 点
	地点	某品牌经销店展厅
	人物	汽车销售顾问、客户
	天气	23℃
背景信息		张小姐 35 岁左右,张先生 40 岁左右,之前张先生来电咨询过,有无优惠。张先生关注性价比、操控、动力和安全,心里接受上限价格 20 万元,有 5 年驾驶经验,爱好旅游。目前有一辆福特福克斯,两人开张先生的车前来。张先生觉得车空间不错,口碑不错

展厅接待评分表　　表 5-2

流　　程	考 核 项 目	分值	评 估 要 点	得分
迎接客户	仪容仪表	10	着规定制服;服装整洁;黑色皮鞋;皮鞋干净;头发面部整洁;指甲清洁	
	热情接待	4	向前迎接;主动开门;热情招呼;亲切问候	
	应对礼仪	6	鞠躬;微笑;自我介绍;递交名片;询问客户称呼;询问客户来店事项	
店内接待	客户观看展车	10	手势引导;保持舒适距离;在客户目光所及范围内关注客户动向和兴趣点;客户对商品车辆感兴趣时主动趋前询问	
	洽谈	15	主动带领客户至洽谈区;手势引导;邀请客户入座;为客户搬椅子;座位朝向商品车;提供 3 种免费饮料;征求客户许可右侧落座;保持适当身体距离;关注客户同伴;充分利用商品资料说明	
送别客户	总结商品卖点	10	总结商品特点与客户利益;主动邀请客户试乘试驾	
	送别	10	转交车型目录;留下销售人员联系方式;提醒客户随身携带物品;陪同客户到店门口;感谢客户惠顾;向客户道别;目送客户离开(立正双手掌交叉至于小腹);微笑	
综合素质	语言	10	吐字清晰;语速适中;语调抑扬顿挫;逻辑性强;连贯;无口头语	
	时间管理	10	流程完整;不超时	
综合评定	总体评价	15	裁判总体评价(1 ~ 15 分)	
综合总分		100		

模块小结

(1)电话响铃 3 声内接听。

(2)自报家门,例如:“您好,东风风行菏泽利通 4S 店,我是 × × ×,有什么可以帮到您。”

(3)主动询问来电原因。

(4)销售咨询时使用来店客户登记表。

(5)交办业务事项时使用电话记录表。

(6)如需转接,20s 内顺利转接电话。

(7)销售咨询时,主动邀请来店。(欢迎您来店洽谈,欢迎您来店试乘试驾)

(8)询问客户联系方式与方法。

(9)给来店者介绍进一步的联络方式。

(10)结束时感谢客户的来电。

(11)确认客户是否还有询问,在客户挂线后方可挂线。

(12)必要时给客户发短信告知地址、姓名。

思考与练习

(一)填空题

1. 客户进店时,展厅门口迎宾人员应____________________。

2. ____________________ min 内销售顾问主动为客户提供帮助。

3. 拨打销售热线,电话接通______声之内就有人接听(音乐彩铃______ s 内有人接听)。

4. 客户进入展厅后,销售顾问应主动询问____________________,向客户进行并向客户____________________,询问客户称呼及联系方式。

(二)判断题

1. 在基盘客户开发阶段,应有销售经理和销售顾问共同执行。 (   )

2. 电话里和客户沟通时一定要用普通话交流,显得我们比较专业。 (   )

3. 等待客户挂断电话后,销售顾问才能挂断电话,随即发送统一的短信以感谢客户致电。 (   )

4. 客户进展厅时销售顾问应在客户行走 5 步范围之内(即第一时间)问候客户。问候方式:面带微笑,双眼注视客户,微微欠身说:“欢迎光临某某汽车 4S 店”。接待客户时尽量缩短距离,以便拉近与客户之间的关系。 (   )

(三)简答题

1. 简要复述进店接待的执行流程有哪几点。

2. 电话接听执行流程中有哪几点?

模块六　客户需求分析

学习目标

1. 能够理解“需求分析”的含义及其对购车的意义;
2. 能够正确运用倾听的技巧;
3. 能够正确运用提问的技巧;
4. 能够正确运用赞美的技巧;
5. 能够运用需求分析流程分析客户的购车需求。

建议课时

6 课时。

一、客户需求分析流程

学习情境:客户李先生,30 岁左右,第一次来店,之前致电咨询过,心里接受上限价格 25 万元,李先生今天开宝来前来。汽车销售顾问按照客户需求分析流程,了解了李先生本次购车的需求。

案例导入:老太太买李子记

【情景 1】

小贩 A:我这里有李子,您要买李子吗?

老太太:我正要买李子,你这个李子好吗?

小贩 A:我的李子又大又甜特别好吃。

老太太:(来到水果面前仔细看了看,李子果然是又大又红。就摇摇头)我不买。

【情景 2】

小贩 B:我这里是李子专卖店,有大的,有小的,有酸的,有甜的,有国产的,有进口的,您到底要什么样的李子?

老太太:要买酸李子。

小贩 B:我这堆李子啊特别酸,您要不要尝一口。

老太太:(尝了一口,酸得受不了)真酸,来一斤。

【情景 3】

小贩 C:老太太,别人都买甜的,您为什么买酸李子呀?

老太太：我的儿媳妇怀孕了，想吃酸的。

小贩C：您对您儿媳妇真好，您儿媳妇喜欢吃酸的，就说明她要给您生个孙子，所以您天天给她买李子吃，说不定能生出一个大胖小子。

老太太：（高兴地）你可真会说话。

小贩C：您知不知道孕妇最需要什么样的营养？

老太太：我不知道。

小贩C：孕妇最需要的是维生素，因为她要供给胎儿维生素。您知不知道什么水果含维生素最丰富？

老太太：不知道。

小贩C：这水果之中，猕猴桃含维生素是最丰富的，如果您天天给儿媳妇买猕猴桃补充维生素，儿媳妇一高兴，说不定就生出一对双胞胎来。

老太太：（很高兴）不但能够生胖小子还能生双胞胎，那我就来一斤猕猴桃。

小贩C：我每天都在这里摆摊，而且水果都是新鲜进来的，您下次再来呢，我再给您优惠。

为什么3个小贩会有完全不同的销售结果呢？是因为他们在挖掘客户需求层次方面完全不同，所以越深入地挖掘客户的需求，越能够找到销售机会才可能更多地针对客户的需求来进行介绍，然后更好地进行销售。

（一）需求分析的目的

1. 需求分析的意义

客户最终达成购买行动，必须具备销售三要素——信心、需求和购买力，如图6-1所示。

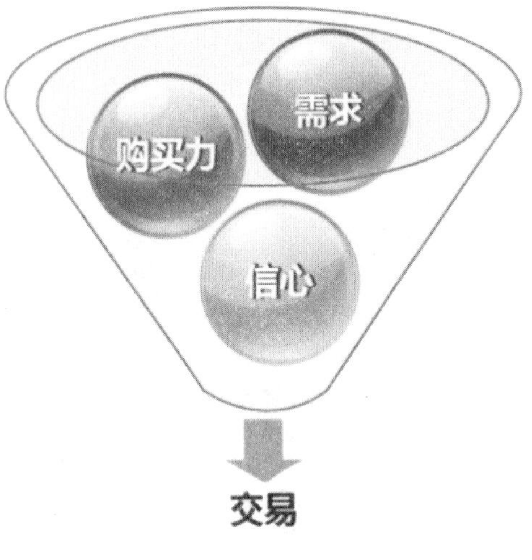

图6-1　销售三要素

从营销的角度理解，客户在采取购买行动时，往往并不是根据他们所感知的产品作出决定的，而是根据问题来决定的。问题越突出，需求越强烈。也就是说，当客户在生活中遇到的困惑、烦恼和问题越来越严重时，将促使客户不得不采取行动，这就是客户需求的来源。

营销的宗旨是发现并满足客户需求。

2. 需求的定义

需求是指人们在欲望驱动下的一种有条件的、可行的，又是最优的选择，这种选择使欲望达到有限的最大满足，即人们总是选择能负担的最佳物品。

需求比需要的层次更高，涉及的因素不仅仅是内在的。需要只相当于物品的偏好，并没有考虑支付能力等因素。一个没有支付能力的购买意愿并不构成需求。

3. 客户的期望

（1）销售顾问能认真对待我的需求和喜好，并为我调整其工作方式（行为、进度）；

(2)销售顾问能根据我的实际情况,提供合理的销售方案供我参考。

(二)客户需求分析流程

客户需求分析流程如图 6-2 所示。

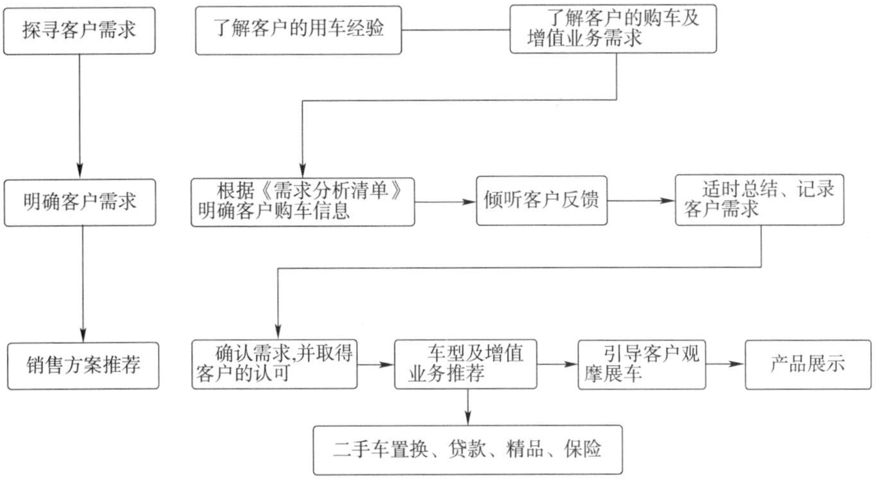

图 6-2 客户需求分析流程

1. 探寻客户需求

在接待过程中,销售顾问掌握客户的背景信息,寻找客户感兴趣的话题,需求分析洽谈场景如图 6-3 所示。

图 6-3 需求分析洽谈场景

销售顾问有效提问,引导客户说明其购车需求,收集对自己有用的信息(如购车预算、对车辆的关注点等)。

1)二手车置换话术引导

询问客户的用车经验,若为换购客户,则介绍经销商二手车置换业务,探寻客户的置换购车意向。

引导话术参考：

“先生，我们店还推出了置换业务，不知您是否感兴趣？”

置换业务的四大标准：

(1)交易安心。

您的旧车还有其他两种交易方式：第一，卖给朋友。卖贵了会影响到朋友关系，甚至因此连朋友都没得做；卖便宜了，您心里也不痛快啊！更重要的是，一旦车出了较大的问题，彼此心里都不舒服吧？第二，通过二手车市场交易，又有上当受骗的可能。所以选择东风日产的置换业务可以使您解除这些不必要的担忧，做到安心交易。

(2)手续方便。

您如果单独处理手中的旧车，跑市场、谈价格、办手续，无疑会耽误您很多的时间，给您增添不少的麻烦。而我们公司可以为您提供一站式服务，您只需准备好相关的资料，买新车、卖旧车一次就给您全办好了，方便快捷。

(3)价格实惠。

东风日产的专业置换业务是服务于新车销售，并不以营利为目的的。所以您完全可以放心，我们会在合理的范围内，给您最实惠的价格。

(4)心悦礼品。

我们在礼品的选择上，更注重能否使您的×××精彩生活得以无限扩展。例如：我们曾赠送的限量版“可折叠自行车”，正是每一位享受×××新生活的客户，出外游玩的最佳拍档。

2)分期购车引导话术

询问客户的购车预算，分析客户的收入水平，介绍经销商信贷业务，有意识地引导客户分期购车。

引导客户贷款购车，首先要问客户的预算是多少？再问：“您能拿出多少钱作为首付？”，得到相关信息后问：“您现在所能承受的月供是多少钱？”，这样再根据客户的实际情况为客户提供贷款建议。

3)探寻客户需求说明

以轻松交流、寒暄的方式来获取客户需求信息，而非盘问式。

提问的技巧：开放式和封闭式交叉运用。

方法：获取信息时多用开放式问题；确认信息时多用封闭式问题肯定式的提问。

范例：您是开桑塔纳来我们展厅的，是吗？

启发式的提问范例：您觉得是安全重要还是省油重要？

反问式的提问范例：您为什么这样认为？

刺激性的提问范例：您是这方面的行家，您认为呢？

2. 探寻需求分析常见问题

(1)您心目中有没有一个预算呢？

①不用那么多(预算)，您已经可以拥有……

②若您愿意在预算上多付一点，您更可以……

(2)您平时参加任何体育活动吗？

(3)车是您自己用还是公司用？

(4)您喜欢动力强劲的车型还是省油一点的车型?
(5)您现在开什么车?
(6)您开过××××(汽车厂家)的车吗?
(7)除了您之外,还会有别人开这辆车吗?
(8)您喜欢自己开还是喜欢让驾驶人开?
(9)您的新车有没有经常携带行李的要求?
(10)您喜欢开车旅游吗?
(11)您车上一般坐几个人?
(12)您喜欢越野型的车还是轿车?
(13)您一般驾驶的路况是怎样的?
(14)您现在驾驶的车开了多长时间了?(接下来可以问:您最喜欢它的地方是什么?)
(15)环保性能对您重要吗?
(16)您喜欢听音乐吗?
(17)除了我们品牌之外,您还考虑什么车?
(18)您的朋友中开车的人多吗?(如果客户说"多"的话,再问:您的朋友都开什么车?)
(19)您对我们展厅里哪款车比较感兴趣呢?
(20)您是从事什么行业的呢?
(21)您有几位家人?
(22)耗油量对您是否是一个重要的考虑因素?
(23)我们有一款新车上市。您有兴趣了解一下吗?
(24)(针对特殊地区的客户)您最长一次行驶了多少公里呢?
(25)有什么配备是您的新车必须具备的呢?
(26)您选购新车最看重的是车辆的什么特性?
(27)您对于购车过程中的服务有什么期望吗?
(28)您喜欢什么颜色的车?
(29)对于您的购买决定来说,有什么其他的重要因素吗?

3.明确客户需求

确认需求洽谈场景如图6-4所示。根据《需求分析清单》(表6-1)询问具体的问题,确定客户的需求,站在客户需求和预算的立场考虑销售方案。倾听客户表达的信息,注意细节,注意客户潜在的需求;征求客户的同意后记录客户的信息。利用置换、信贷等增值服务,积极促进客户购买意向,引导并提升其购买需求;使用需求分析法,提供专业的购车咨询服务,并在整个过程中不断更新客户需求的相关信息。

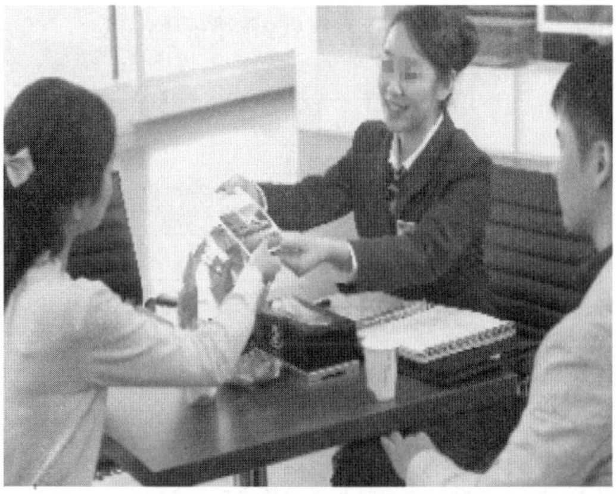

图6-4 需求确认洽谈场景

(1)目的。明确并适当引导客户需求。

(2)说明。需求分析核心技巧:提问、主动聆听、积极回应(点头、眼神交流、身体前倾、记录、复述等)。

话术示范:

“李先生,刚才跟您沟通了这么多,谢谢您的反馈。我总结一下,您现在想购买一款新车,主要是家庭用途,比较看重动力性和操控性。如果车型满意,也可以考虑置换现在手头的那辆桑塔纳。您看,还有什么遗漏的?”

需求分析清单 表6-1

有关现用车	(1)您目前开的是什么车?使用了多长时间?	客户陈述:________________
	(2)你想换一辆比你目前车辆大一些还是小一些的车?	□大一些 □小一些
	(3)为什么您想更换车辆?	客户陈述:________________
	(4)您最喜欢目前车辆的哪一点?	□外观 □内饰 □空间 □动力 □操控 □安全 □经济 □舒适 □其他
	(5)您最不喜欢目前车辆的哪一点?	□外观 □内饰 □空间 □动力 □操控 □安全 □经济 □舒适 □其他
有关新购车	(6)您有特别中意的车吗?了解过哪些车型?	客户陈述:________________
	(7)您将购买的新车是商用还是个人使用?请说明您将如何使用新车?	□商用 □公务 □个人
	(8)用车频率如何?什么时候需要?	用车频率: □每日使用 □每周使用 □定期使用 □其他 购车时间:__________
	(9)您认为新车应当具备什么特点?	客户陈述:________________
	(10)对于您的购买决定来说,有什么其他重要因素吗?	客户陈述:________________
关于购车过程	**(11)您是想留下目前的车,还是想以旧换新?**	□新购 □换购 □增购
	(12)您目前的车是全额现金购买的,还是租借的,或是贷款购买的?	□全额购买 □租借 □贷款购买
	(13)您买车是分期付款吗?金额是多少?	□全款 □分期 贷款额度:__________万
	(14)你考虑的是哪个价格档次?	□10万元以下 □10万~15万元 □15万~20万元 □20万~25万元 □25万~30万元 □30万元以上
	(15)您考虑的付款方式?	□信用卡 □储蓄卡 □现金 □其他
有关客户背景	**(16)家庭情况**	客户陈述:________________
	(17)业余爱好	客户陈述:________________
	(18)联系方式	电话号码:________________
	(19)与本品牌的接触经验	客户陈述:________________
	(20)其他	客户陈述:________________
《需求分析清单》应配合《客户管理卡》使用,在与客户接触商洽过程中不断完善和更新客户的信息和需求,并据此作出合理的判断,促进客户的成交。 **注:加粗的提问内容为必选需求项。**		

4. 销售方案推荐

销售场景如图 6-5 所示。

阶段性总结客户的需求信息，并与客户取得共识。

根据客户需求推荐合适的车型和销售方案，引导客户观摩推荐车型。

若客户有置换或信贷购车的意向，销售顾问积极提供相关信息和文件，引导客户的消费需求（可平行进入“置换业务流程”）。展厅内放置各车型产品目录，每车型至少 10 份，供到店客户自行取阅。

图 6-5 销售场景

5. 角色和客户类型

1）客户角色

汽车的购买，从表面上看似乎是一个人的行为，但实际上往往有好几个人参与购买决策活动，通常分为 5 种不同的角色，分别是：

（1）发起者，指首先提出购买车型的人。

（2）影响者，指对最终购买车型有直接或间接影响的人。

（3）决策者，指对整个或部分购买决策有最后决定权的人。

（4）购买者，指在整个购买活动中实际进行购买的人。

（5）使用者，指真正使用该车的人。

2）客户的分类

对汽车销售人员而言，在直面客户的时候，要在短时间内全面、深入、客观地对消费者的购买行为进行分析是比较困难的，销售人员最能直接感受到的是消费者的态度。根据消费者的不同态度采用不同的营销技巧，是销售人员在销售现场可采取的一套行之有效的办法。对客户的分类有好多种方法，我们可以把所有客户分为 7 类：领导型、情感型、人际型、理智型、冲动型、习惯型、选价型。

（1）领导型。

领导型客户的特征是喜欢对人发号施令、指手画脚；不在乎别人的观点，又不能容忍销售顾问存在错误，一旦销售顾问有所失误，便不愿意信任。同时，领导型的客户果断，有自己的主见。所以面对这样的客户要有充分准备，不能和客户说谎，并要尊重他，给足他面子，为客户完成他所要求的，实话实说，不去挑战他的权威地位，给出你的建议，帮助他达成目标。

（2）情感型。

情感型客户是指以自己的情感体验作为购买决策依据的客户。情感型的客户是充满激情的，是个理想主义者，特别重感情，想象丰富，审美感觉灵敏，对情感的体验比较深刻，对汽车的外形、色彩极为敏感，对汽车的功能不太在意。这类消费者以女性居多，乐于参加公司的活动，追求有趣的事情，但通常做事情没有太大的原则。所以遇到此类客户，销售顾问应该同样表现出充满活力的样子，能提出客户感兴趣的观点，并给客户充分的时间表达出他们的感情。但是这类客户的原则性不强,所以销售顾问可以不用完全相信此类客户。

(3)人际型。

人际型的客户特别善于人际交往,喜欢与人打交道,并且有十足的耐心与销售顾问打交道,不喜欢发生人际关系矛盾,所以即使不认同销售顾问的观点也可能不会指出。所以对这类客户,销售顾问一定要非常友好地像朋友一样地与之交谈,为他们解决问题,建立起客户对销售顾问的信任。

(4)理智型。

理智型消费者在理智基础上作出购买行为的决策。这类消费者的思维比较冷静,在购买之前通常要进行广泛调查,信息搜集比较充分,对产品的性能特点了解得比较透彻,对不同品牌的同类产品进行过反复的权衡比较,向销售人员咨询的问题具体仔细,决策较慢。理智型的客户思维非常缜密,天生喜欢分析问题,对事情的具体细节问题特别愿意分析。理智型的客户是非常敏感的,做事情也喜欢依据有理有据的分析,依赖于数据。这类客户多属初次购买汽车,所以销售顾问接待这类客户,一定要记住接待过程要十分的正规,不可以随意。销售人员要有耐心,介绍要仔细全面,不能有厌烦的情绪,并且要摆事实、讲道理,确保所介绍车型数据的准确性,拿事实说话,服务客户。

(5)冲动型。

冲动型消费者指容易受外界刺激而迅速作出购买决定的消费者。这类消费者一般较为年轻,性格外向,随意性较强,具有较强的资金实力。引发冲动型消费者购买的诱因可以是广告宣传、产品特色、促销活动等他们通常缺少对所购产品的深入了解,并不完全确定产品是否真正能满足自己的需要,所以当所购汽车并不如原先的预期好或当他发现其他汽车有更多的优点时,便会产生失落感,后悔自己当时的决定。对这类消费者,一定要加强售后服务,给他们带来超值的感受。

(6)习惯型。

习惯型消费者是指按个人偏好习惯性购买某种品牌或车型的消费者。这类消费者是在长期使用某种产品后对其产生了信赖感,对品牌忠诚度较高,较少受广告和其他因素的影响。这类消费者是厂商和营销企业应该努力维护的消费群体。

(7)选价型。

选价型消费者是指对汽车的价格比较敏感的购买群体。这类消费者通常以价格的高低作为自己购买汽车的首要标准。选价型消费者又有两种截然不同的类型,一种是选高价型,他们认为价格高的汽车质量好,有品位和档次,能显示自己的身份,开出去有面子;另一种是选低价型,选此类型的多数是工薪阶层,对汽车的需求很强烈,经济实力不是特别强。

二、客户需求分析技巧

学习情境:客户李先生,30 岁左右,第一次来店,销售顾问运用需求分析的相关技巧了解了李先生的购车需求。

(一)需求分析提问技巧

人们购买汽车是因为有需求,只有真正了解客户的需求,才能针对客户需求做一个完美的产品介绍。因此销售员如何掌握住这种需求,使需求明确化是最重要的,也是最困难的一件事。有很多人认为客户进了展厅,马上就要进行客户最关注的汽车介绍,其实在进行产品介绍之前要做的是对客户的需求进行分析了解,尽可能多地了解客户信息,挖掘客户的需求与疑问,做客户的购车顾问,解决客户的疑问和满足客户的需求,之后再有针对性地介绍车辆,这样成功率一般是很高的。

需求分析目的是获取必要的信息以便能推荐合适的产品或服务,因此提问应围绕5W2H(图6-6)等重要信息展开。

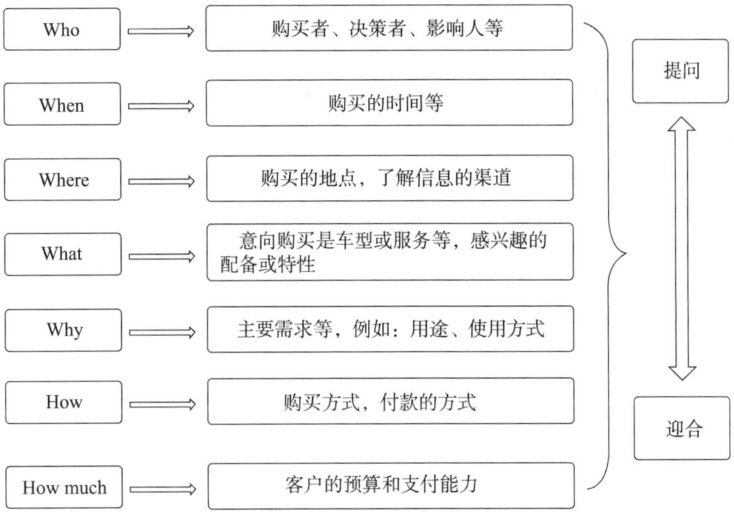

图6-6　需求分析技巧5W2H

(二)倾听的技巧

美国知名主持人林克莱特一天访问一位小朋友,问他说:“你长大后想要当什么呀?”小朋友天真地回答:“嗯,我要当飞行员!”林克莱特接着问:“如果有一天,你的飞机飞到太平洋上空,所有发动机都熄火了,你会怎么办?”小朋友想了想:“我会先告诉坐在飞机上的人系好安全带,然后,挂上我的降落伞跳出去。”当时在场的观众笑得东倒西歪,林克莱特继续注视着这个孩子,想看他是不是自作聪明的家伙。没想到,接着孩子的两行热泪夺眶而出,这才使得林克莱特发觉这个孩子的悲悯之情,远非笔墨所能形容。于是林克莱特问他说:“为什么要这么做?”小孩的答案透露出一个孩子真挚的想法:“我要回去拿燃料,我还要回来!”“我还要回来!”。你听到别人说话时,你真的听懂他说的意思了吗?你听懂了吗?如果不懂,就请听别人说完吧,这就是听的艺术。所以汽车销售人员在需求分析时要做一个好的倾听者:听话不要听一半、不要把自己的意思,投射到别人所说的话上头。要通过展示积极式倾听的技巧来了解客户需求。优秀的汽车销售顾问一定是一个善于倾听的人,传统意义认为销售顾问要能说,其实应该是销售顾问少说,让客户多说,只有客户多说了,销售顾问才能更多地获得客户的信息。与客户进行交谈时要尽量做到停止谈话、近客户,使客户放松下来、让客户感到正在听他们讲话、清除所有令人分心的事情、表示理解、保持耐心不要争论或批评。

在积极倾听的过程中要善于运用探查的方法确认客户的信息:

(1)展开法:您可以进一步谈谈您对发动机性能的看法吗?

(2)澄清法:您对时尚汽车的定义是什么?

(3)重复法:就是说您认为四轮驱动是没有必要的。

(4)总结法:好,您对车的要求是动力强劲,外观时尚。还有其他要求吗?

需求分析话术示范:

(1)询问用车经历,对以前车型的不满意之处。

销售顾问:李先生,不知道您以前都用过什么车?

客户:某某品牌。

销售顾问:某某品牌挺不错啊,您开着怎么样,一定很好吧,有什么不满意的吗?

(2)是否了解过自身品牌。

销售顾问:大哥,一看您就非常专业,一定了解过我们的车吧,我看着您眼熟,是不是参加过我们的车展啊?

(3)购车用途和时间的询问。

销售顾问:一看您就是成功人士,这车准备近期就购入吧?我猜肯定是生意越做越大,换一辆新的,您是商用还是家用?

(4)购车要求。

销售顾问:人家不都说嘛,汽车是第二个老婆,选老婆嘛,当然要选一个称心如意的,您对您的座驾有什么要求吗?(应对男性客户)

技能实训

在教师的引导下,以小组为单位学习相关技能,完成以下场景设置的客户需求分析练习(表6-2),并以客户需求分析评估表(表6-3)中客户信息获取量作为实操参加考核。

实训场景 表6-2

情境一		
场景信息	到店次数	首次到店
	时间	早10点
	地点	某品牌经销店展厅
	人物	汽车销售顾问、客户
	天气	5℃
背景信息		刘小姐35岁左右,张先生40岁左右,之前刘先生来电咨询过,有无优惠。刘先生关注性价比、操控、动力和安全,心里接受上限价格15万元,有6年驾驶经验,爱好旅游。张先生主要陪同刘先生看车及提供意见;目前有一辆花冠,两人开张先生的花冠前来。张先生觉得花冠空间不错,口碑不错

续上表

情　境　二		
场景信息	到店次数	第二次到店
	时间	下午 2 点
	地点	某品牌经销店展厅
	人物	汽车销售顾问、客户
	天气	34℃
背景信息		吴先生 35 岁,自己开了一家装潢公司。有一个小孩 5 岁。吴太太(姓宋),32 岁,是一名会计。家里以前有一辆爱丽舍。吴先生夫妇以前来过一次展厅,上次来大致看了一下,觉得车型外形不错,但这次想详细看看,如果合适可以马上订车。关注油耗、空间、配置、外形
情　境　三		
场景信息	到店次数	首次到店
	时间	下午 3 点
	地点	某品牌经销店展厅
	人物	汽车销售顾问、客户
	天气	30℃、下小雨
背景信息		儿子小韦,26 岁,母亲宋女士,52 岁,帮助儿子买车,方便上下班,儿子对外形和动力要求比较高,喜欢自驾游。母亲关注操控和安全,要求最好买自动波,带倒车影像的,车要结实,儿子网上了解过,带母亲过来看车。合适的话,希望尽快提车

客户需求分析评估表　　表 6-3

年　　月　　日　　　　　　　　　　　　销售顾问:

客户信息	姓名/公司				性别:□男　□女		
	地址						
	联络电话	(手机)		(固话)		联络人	
	移动电话				e - mail:		
	附注	□新购　□换购　□添购					
购车需求事项	考虑车型	□　□　□　□　□　□					
	信息来源	□报纸　□电视　□广播　□杂志　□夹报　□传单　□外展　□网络　□亲友介绍　□其他:					
	新车用途	□车主上下班自用　□休闲用车　□营业用车　□公司用车　□其他:					
	使用者	□本人用车　□公司用车　□公司主管座车　□其他:					
	重视要件	□外形　□配备　□安全　□操控　□省油　□性能　□售后服务　□口碑　□整体价值　□购车方式　□促销优惠　□其他:					
	配备需求	□皮椅　□铝圈　□CD　□VCD　□天窗　□安全气囊　□倒车影像　□雾灯　□隔热纸　□其他:					
	购买方式	□现金购买　□分期购买		预计头款:		预计月付款:	
	领牌方式	□公司　□个人		领牌区域:			
	试车安排	□今日　□预约时间:　年　月　日　时					
	购车决定	□今日　□本周内　□本月内　□两个月内　□三个月内　□其他:					
	保险需求						
	附注	新车乘客数:　人		家庭人员数:　人		小孩:　人	
		决定者:					

续上表

<table>
<tr><td rowspan="4">比较车种</td><td>厂牌</td><td colspan="3"></td></tr>
<tr><td>车种</td><td></td><td colspan="2">排气量：</td></tr>
<tr><td>考虑原因</td><td colspan="3">□外形 □配备 □安全 □操控 □省油 □性能 □售后服务
□口碑 □整体价值 □购车方式 □促销优惠 □其他：</td></tr>
<tr><td>附注</td><td colspan="3"></td></tr>
<tr><td rowspan="5">其他附记</td><td>职业类别</td><td colspan="3">□企业业主 □专业会计师，律师，医师，工程师 □企业主管 □企业上班族
□军职 □学生 □公教职人员 □家庭主妇 □自耕农，渔，牧 □自由业
□其他：</td></tr>
<tr><td>客户来源</td><td colspan="3">□来店客户 □来电客户 □旧客户介绍 □亲友介绍 □售后介绍
□续购 □外展 □陌生拜访</td></tr>
<tr><td>来店人数</td><td>□1 人 □2 人 □3 人(含)以上</td><td>接洽时间：</td><td>确度：</td></tr>
<tr><td>联系事项</td><td colspan="3"></td></tr>
<tr><td colspan="2">预计下次拜访时间</td><td colspan="3"></td></tr>
</table>

模块小结

(1)需求分析的流程：探寻客户需求→明确客户需求→销售方案推荐。

①探寻客户需求要点是了解客户购车用途、用车经历、购车预算等，并有意识地引导客户进行置换及分期购车等业务。

②明确客户需求，利用需求分析清单进行客户信息收集，对客户购车需求进行总结。

③销售方案推荐，根据客户需求推荐符合客户的车型，并引导客户进行分期购车等相关业务。

(2)客户角色：发起者、影响者、决策者、购买者、使用者。

(3)客户分类：领导型、情感型、人际型、理智型、冲动型、习惯型、选价型。

(4)需求分析的提问技巧：运用5W2H 进行提问。

(5)倾听的技巧：展开法、澄清法、重复法、总结法。

思考与练习

(一)单项选择题

1. 与客户交流时需要离开，下列做法正确的是(　　)。

   A. 表示抱歉后，自行离开

   B. 离开后，电话联系说明情况

   C. 要说明情况，表示抱歉，找同事负责继续接待

   D. 直接离开后，找同事负责继续接待

2. 如果客户有意向购买某品牌的汽车，销售人员要填写(　　)。

   A. 客户流量登记表　　　　B. 客户回访登记表

   C. 意向客户登记表　　　　D. 客户意向调查表

3. 等客户入座后，在客户(　　)入座，并保持适当的距离。
A. 左侧　　B. 右侧　　C. 正面　　D. 以上都对
4. 以下哪项不属于客户需求挖掘的技巧的是(　　)。
A. 以恰当的方式，让客户多一点“是”的回应
B. 客户所提要求超出权限时，应及时询问销售经理意见
C. 谈话中包含信息不足时，应引导问题展开
D. 等客户说完之后再讲述自己的意见
5. 入座时应坐椅子的(　　)。
A. 1/3　　B. 2/3　　C. 1/4　　D. 1/2
6. 蹲姿要求正确的是(　　)。
A. 双腿并拢　　B. 右脚在前　　C. 左脚在前　　D. 双腿平行分开
7. 如果客户来寻找其他人，接待方式应是(　　)。
A. 不需理睬，继续工作
B. 应协助寻找，并引领到位
C. 作为潜在客户，进一步接待挖掘客户需求
D. 礼貌送出，并告知寻找此人不在
8. 以下不属于客户购车信息的是(　　)。
A. 目标车型　　B. 购车日期　　C. 购车用途　　D. 家庭背景
9. 下面不属于销售顾问搜集信息范畴的是(　　)。
A. 搜集客户个人信息　　B. 搜集客户家庭隐私
D. 搜集客户购车信息　　C. 搜集客户组织信息
10. 在需求分析寒暄破冰时，下列说法错误的是(　　)。
A. 选择公共话题，创造轻松氛围　　B. 询问客户目标车型
C. 表情自然，对客户关心　　D. 可能的话，可以邀请客户先坐下休息
11. 在需求分析环节中，描述不正确的是(　　)。
A. 对客户正确的论述表示赞同，甚至是赞美
B. 身体前倾，认真倾听客户的诉求，以示尊重
C. 对所获得的客户需求，应加以记录
D. 要以开放式问答为主，封闭式问答难以挖掘客户的真实需求

(二) 多项选择题

1. 与客户沟通时要有良好的礼仪，下列描述正确的有(　　)。
A. 不能叉着手　　B. 脚或者背不能对着客户
C. 不能依靠展车　　D. 要面带微笑
2. 在需求分析中，对于客户的期望描述正确的是(　　)。
A. 我想随便搜集下信息，并不想承诺什么，比如今天我就买车
B. 我希望销售顾问是诚实和值得信赖的，并能听取我的诉求和给我提供我需要的信息
C. 我希望销售顾问能帮助我选择符合我需要的车
D. 我希望能顺利达成交易

3. 搜集客户的购车信息包括(　　)。

A. 目标车型　　B. 购车日期

C. 客户了解信息的渠道　　D. 购车用途

4. 美国心理学家马斯洛将人类的需求按其重要性分为5个层次,其中属于精神需求的是(　)。

A. 安全需求　　B. 尊重需求　　C. 自我实现需求　　D. 生理需求

E. 社交需求

5. 在与客户接触的时候,积极倾听尤为重要,销售顾问为了提高听的效率,需要做到(　　)。

A. 听、说比例3∶1　　B. 适时地引导客户说

C. 了解客户的需求和关注点　　D. 表现出积极的态度

E. 有耐心

(三)填空题

1. 客户的需求分为____________和____________。

2. 在需求分析中,合理利用____________问题和____________问题,以获得客户的真实需求信息。

(四)简答题

在需求分析环节,根据客户需求明确程度不同,如何引导客户进入下一环节?

模块七　车 辆 推 介

学习目标

1. 能够了解“车辆推介”的方法；

2. 能够了解六方位绕车介绍；

3. 能够掌握六方位绕车介绍的技巧；

4. 能够掌握 FBI 介绍法；

5. 能够掌握试乘试驾的整个流程；

6. 能够培养和提高学生在车辆推介流程中的分析能力，使他们了解我们的车辆，提高客户对我们产品的了解和增强客户对产品的满意度；

7. 能够完成车辆六方位绕车介绍的流程。

建议课时

6 课时。

一、车辆推介方法

学习情境：客户黄女士与张先生，30 岁左右，第一次到店，想看看有无合适的车型，销售顾问为客户建立舒适看车氛围，经过需求分析，了解到客户的购车需求及关注点，结合客户需求运用车辆推介的方法和技巧完成车辆推介，并顺利引导进入下一环节。

（一）六方位绕车介绍流程

在汽车销售顾问向客户介绍汽车的过程中，销售顾问从汽车车辆车头左前方 1、发动机 2、乘客侧 3、车尾部 4、后排座 5、驾驶室 6 向客户进行汽车展示的方法，如图 7-1 所示。

环绕汽车对汽车的六个部位进行介绍，有助于销售人员更容易有条理地记住汽车介绍的具体内容，并且更容易向潜在客户介绍最主要的汽车特征和好处，下面我们以福特新蒙迪欧这款车进行六方位绕车介绍。

1. 车头左前方

（1）车头左前方是最有利于看清车辆特征的角度，如图 7-2 所示。

（2）通常可以在这个位置向客户作汽车产品概述。

图 7-1　车辆六方位绕车介绍图

图 7-2　车头左前方

例如：风阻系数、车身尺寸、车辆标志、车辆线条、制造工艺、车身颜色、保险杠、轮毂。

话术示范：

首先映入眼帘的是宽大的前风窗声学隔音玻璃，隔音夹层有效减少行车噪声，为您带来静谧的空间和舒适的驾乘体验，同时具有整片加热功能，在冬季行车时大幅缩短除霜时间，不仅有效降低油耗，而且保证了视野的清晰。集成于前风窗玻璃的 ACS 低速行车安全系统，移植于安全专家沃尔沃，当车速低于 30km/h，突遇前方车辆紧急制动，将自动进行制动减缓速度，避免事故发生，时刻替您保驾护航。

2. 发动机（正前方）

图 7-3　发动机舱

发动机舱是采用分层溃缩理念设计，分别使用三种不同的钢材：高刚性钢、超高刚性钢、特殊钢。当受到意外事故时，发动机舱结构分层溃缩，发动机下沉，形成车头碰撞吸能区。发动机舱各部件位置分配合理整齐，并采用优质的绝缘、阻燃发动机隔音衬垫，阻隔发动机高温及噪声，如图 7-3 所示。

话术示范：

您看我们这款车型配备的发动机采用的是缸内直喷技术，汽油缸内直喷涡轮增压发动机和 6 速双离合变速器，带来同级领先的、最高 240 马力（1 马力 =735.499W）的动力输出，以及同级最佳、百公里综合工况油耗仅 7.9L 的燃油经济性。

3. 车侧方

(1)车侧方可以考虑致力于安全性能的介绍,如图 7-4 所示。

(2)轮胎和悬架系统(舒适性)可以在这里介绍。

例如:车门防撞钢梁、四轮独立悬架、车身结构、车身材质、车门、轮胎、油箱。

话术示范:

整体侧面造型流畅犀利,静中有动,车身设计的造型犹如蓄势待发的猎豹,充满速度感。带电动调节及除雾功能的外后视镜,具备电动折叠功能,方便你开闭或调整外后视镜,并集合加热除雾、转向灯及照地灯于一体,更加体现出福特人性化的造车理念。集成于后视镜上 BLIS 盲区监测系统,通过安置在车后部的雷达传感器,确认是否有车辆隐蔽在你的视线盲区内。当有车辆靠近或已进入驾驶盲区时,后视镜上将亮起警示光点,你能轻易察觉,规避安全隐患。

图 7-4　车侧方

4. 车尾部

(1)尾灯和保险杠。可以突出行李舱,如图 7-5 所示。

图 7-5　车尾部

(2)汽车的排放也可以在这里介绍。

例如:大面积尾灯、一体式后保险杠天线、行李舱。

话术示范:

动感有力 LED 尾灯,线条利落流畅。点亮时,LED 灯带,形成满月造型,令人眼前一亮,提高了车辆行驶时的安全性。超大的行李舱空间让随意摆放成为可能,配合 6/4 折叠后排座椅,灵活多变的后排座椅可按需调整、自由安排,甚至能全平放倒,后排座椅放倒后将后备舱容积无限扩大,你和家人的各种出行需求均能一一满足。镶嵌于保险杠内的倒车雷达,侦测范围更加广泛,盲区更小,高分辨率倒车辅助影像,将后方影像与动态倒车辅助引导线进行叠加,便于你依照辅助线,更精准地倒入车位,也能预判危险并实时显示对应的危险区域,及时给你提醒,让您倒车安全无忧。

5. 后排座

主要强调空间以及舒适性,邀请客户坐到车辆的后排座椅体验,如图 7-6 所示。

例如:符合人体工程学的座椅,头、肩、腿部空间、三点式安全带、儿童安全锁。

话术示范:

超大轴距,提供了宽敞的乘坐空间。第二排座椅地台较为平整,腿部和头部空间充足,就算同时乘坐三个人也不觉得拥挤。EPP 的安全头枕可以上下升降,有效地保护后排乘客的颈部,防止来自后部撞击给乘客造成的伤害。车内设有多达 22 处个性化置物空间,想你所想的立体式空间设计,方便你存取不想放置在外面的零散物件,保持车内整齐有序。后排座椅还配备了ISOFIX国际标准儿童座椅安装装置，车门还有儿童安全锁，全面考虑到儿童的乘车安全性。SONY音响配合12扬声器系统，让您在行驶途中尽享豪华影院的视听享受。为了让您更好地感受12扬声器带来的极致体验，该车运用精湛工艺打造出整车良好的密封性，并大量使用隔音、吸音材料，最大化地去除外界噪声，尽力提升车内静音效果。同时后排座椅电加热功能，后排影音娱乐控制功能和后窗电动遮阳帘的配备更是让您享受到了高端豪华轿车的魅力，置身其中，舒适、安逸的宁静氛围将陪伴你整个旅程。

6. 驾驶室

(1)对该车的驾驶室做详细的介绍并询问客户有无疑问并解答。

(2)鼓励客户打开车门进入内部体验，如图7-7所示。

图7-6　后排座椅

图7-7　驾驶室

例如：转向盘、仪表、中控台显示、电动窗中控门锁、安全带、座椅、防盗系统。

话术示范：

该车品质感无处不在，每处细节均能体现出福特的用心设计，整车内饰采用飞航式设计，驾驭感十足。数显指针仪表科技感十足，还能显示各种车辆信息，让您随时了解爱车使用状况。豪华真皮座椅，包裹性强，在急速转弯时为您提供极好的支撑性，宽敞开阔的空间，能装下旅途所需，顶配车型配备专用最高级真皮，集成电加热、座椅通风及按摩于一体，让您体验高端奢华轿车的乘坐感受。利落清晰的线条勾勒出富有立体感的中控台，与车内整体的科技时尚风格相辅相成；简洁明了的功能布局，充分考虑实用性，所有信息一目了然，便于你随时掌握全局。真皮包裹的多功能四幅运动转向盘，不仅提升豪华感，也让手感更好，同时汇集音响控制等功能于一体，大幅提升您的操控效率和便利性。分布于座舱四周的LED多彩氛围灯，拥有7种色彩可供选择，以雅致的光线营造出宁静的驾乘环境，也点缀整段旅程。轻点触手可及的电子驻车制动，让您在畅快驾驶同时，也安享一份惬意。智能无钥匙动力起动系统，无须把车钥匙从口袋里取出，踩下制动踏板，按下起动按钮，即能起动发动机，让旅程轻松开始。GPS卫星导航，精准的定位功能，随时随地标注所处位置，并正确无误地指引您驶往目的地。

(二)FBI介绍法

销售顾问一般只介绍或传达给客户产品客观的功能性及好处，往往忽略了客户的感性面，那些可触动及创造客户购买欲望的更深层感性需求。FBI介绍法即先介绍车辆卖点，并陈述配置给客户带来的好处，最后给客户观念上的冲击，以促使成交。F-Feature 卖点、特色、配置。B-Benefit 好处、利益。I-Impact 冲击、影响。

例如：介绍安全气囊系统时，销售顾问往往只有告诉客户该车有配备安全气囊，对客户的利益及冲击法则，往往是被销售顾问忽略的重要的环节。

1. FBI 介绍法的主要流程

使用 FBI 介绍法，通常是三段论阐述法，即 F-B-I。

(1) F 主要是车辆的卖点、特征和配置，比如材料、规格也是属于 F 里边的。在给客户介绍 F 的时候，通常我们称之为客户的"认知阶段"。这一阶段，只完成了销售的 1/10 以下，因为汽车本身拥有的特征和事实状况，无论你如何巧言如簧，都难以激起客户的购买欲。所以一定要向下一个阶段延伸。

(2) B 就是带给客户的利益和好处，就是 F 的卖点、配置、功能等对客户来讲，有什么利益，或者能给客户带来什么好处。以言简意赅、通俗易懂的方式将这些益处加以介绍，切忌过于专业而冗长。在给客户介绍 B 的时候，我们通常称之为客户的"情感阶段"，仍需要再接再厉。

(3) I 即冲击、作用、影响。用 F、B 给客户以观念上的冲击，进而使客户产生购买动机，进入"行为阶段"，创造冲击的方式有很多，要针对客户的需求灵活运用。

FBI 介绍法的灵魂是"寓教于售"，完成这三个阶段的过程，也是客户逐渐转变为车主的学习过程。

我们可以看下面的思维导图，能让你更加形象地理解如何使用 FBI 介绍法，如图 7-8 所示。

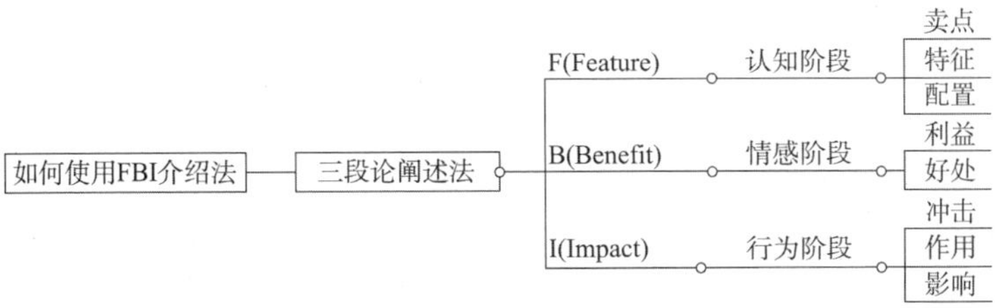

图 7-8　FBI 思维导图

2. FBI 介绍法案例说明

我们通过一个表格来了解 FBI 介绍的一些简单的案例，充分地理解 FBI 介绍法（表 7-1）。

FBI 介绍法案例说明　　表 7-1

配备(Feature)	利益(Benefit)	冲击(Impact)
相关配置	解释相关配置的作用和功能	结合相关配置的作用和功能，进一步衍生出该配置能给客户带来的附加功能、价值
安全气囊	意外发生时安全气囊瞬间充气弹出，有效降低驾驶人及前乘客的伤害至最低，保护驾驶人和前排乘客的生命安全	两辆车意外发生对撞时，有配置安全气囊与无配置安全气囊的车辆，对驾驶人伤害程度是非常不一样的！所以我建议您购买车辆时，一定要带有安全气囊。 每天出门前，家人总是会叮嘱我们：开车小心、注意安全！我们整天开车在外跑，车辆有这么好的安全措施，总是能免除家人的很多担心

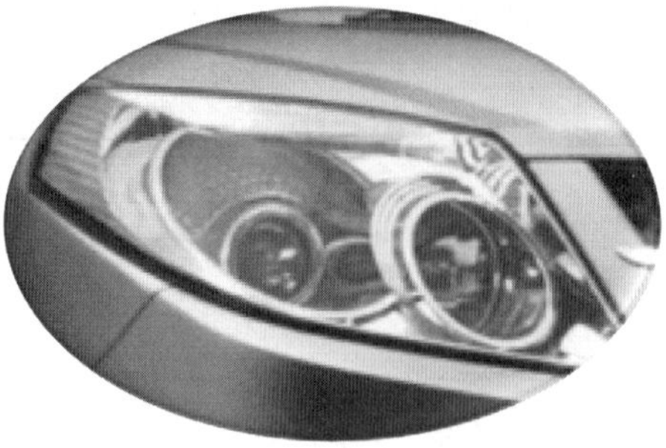

图 7-9　晶钻菱形前照灯

(1)晶钻菱形前照灯。

通过介绍产品的相关配置,让客户更好地了解我们的产品,如图 7-9 所示。

F:高分子聚合材质;国际级照明科技;3000cd 的光照亮度;伴我回家功能。

B:高分子材料,更耐用;光照强度高,行车安全更有保障;前照灯 60s 延时功能,为车主带来更多呵护与便利。

I:晶钻菱形前照灯的 60s 延时功能。

想象一下在漆黑的夜晚,如果没有灯光延时功能,下车后周围漆黑,您会觉得缺少一些安全感,也不够方便,尤其是对于女士(假如购车对象是位女性)。因为我们“吉利金刚”的前照灯有 60s 的延时功能,只要您轻轻按两下遥控器,就有两道灯光照亮您回家的路,使您感到更加温馨和安全。

(2)遥控钥匙。

F:内齿形钥匙;遥控开启行李舱;按一次开启驾驶室门;连续按两次开启其他车门;30s 自动上锁;遥控锁门;长按关闭车窗。

B:内齿形钥匙——耐用;遥控开启行李舱——便利;按一次开启驾驶室门;连续按两次开启其他车门——便利;30s 自动上锁——安全;遥控锁门——便利;长按关闭车窗——便利安全。

I:遥控开启行李舱。

试想在一个风雨交加的中午,你从超市采购出来,一手撑着伞,一手提着很多东西,你要放置东西到行李舱,如果没有遥控开启功能,你就必须一手撑伞提东西还要掏钥匙,这多不方便啊,而我们熊猫的遥控钥匙(图 7-10),你只需轻按遥控,按一下后方按钮,即可打开行李舱,就可以轻松放入您采购的物品,既安全又便利。

图 7-10　遥控钥匙

二、试乘试驾流程

学习情境:客户黄女士与张先生,30 岁左右,第一次到店,想看看有无合适的车型,销售顾问为客户建立舒适看车氛围,销售顾问结合客户需求对车辆进行了静态展示,为了让客户更进一步了解车型的优势,主动引导客户进行试乘试驾体验,并顺利引导进入下一环节。

(一)试乘试驾准备

(1)保持车内外清洁、各项功能正常和有足够的油料使用。

(2)试驾车辆要保全险。

(3)客户必须持有国家规定的 C 级或 C 以上的机动车驾驶证,才能亲自驾驶相应的试驾车辆。

(4)根据试驾要求登记《试乘试驾登记表》,依次安排试驾。

(5)准备并签订协议书。协议书具体内容由专营店自行编写,明确界定双方的权利和义务,以规避不应承担的经济、法律责任。

(6)准备好《试乘试驾评估表》,请客户填写(表7-2)。

试乘试驾评估表　　表7-2

姓名		电话			
评价车型		日期			
类　别	评 价 项 目	评 价 结 果			备　注
		非常好	良好	一般	
车辆外观	外形尺寸				
	造型美感				
舒适性	乘坐舒适性				
	驾驶座椅舒适性				
	音响效果				
	空调效果				
	轮胎及胎噪				
操作性	仪表配色及辨识性				
	驾驶方便性				
	转向灵活性				
	视野				
安全性	驾驶安全感				
	ABS效果				
	倒车雷达				
	安全气囊				
动力性	起步加速				
	中途加速				
汽车内部感受	汽车内饰				
	工艺水平				
	内饰配色				
	内部空间				
	操纵键可控性				
其他	车门进出方便性				
	玻璃升降方便性				
	天窗				
	驾驶辅助配置				

(二)试乘试驾流程

试乘试驾是让客户感性地了解车辆有关信息的最好机会,通过切身的体会和驾乘感受,客户可以加深对销售人员口头介绍的认同,强化其购买信心。在试乘试驾过程中,销售人员应让客户集中精神进行体验,并针对客户需求和购买动机进行解释说明,建立起信任感。销售人员必须了解试乘试驾的具体步骤,先由专业人员带客户试乘进行车辆操作介绍,让客户全面了解车辆等信息,再让客户试驾让客户亲自感受,如图 7-11 所示。

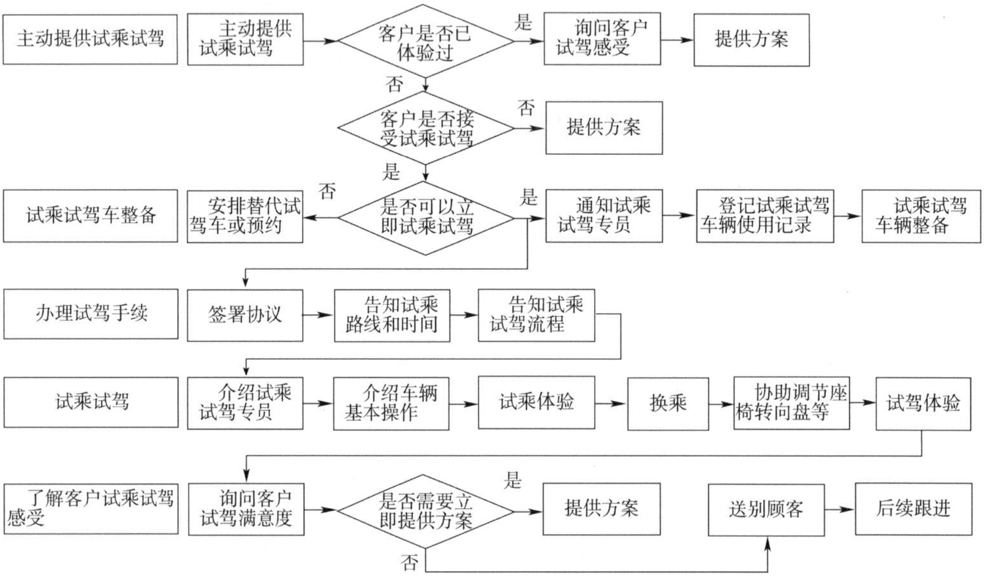

图 7-11 试乘试驾步骤

1. 主动提供试乘试驾

(1)行为规范。

①介绍试乘试驾的好处及大概所需要的时间。

②如果相应车型的试驾车被占用,应征询客户意见。

③如果客户没时间或者不接受,可以预约下一次体验,并在预约前一天提醒客户。

④如果客户接受,通知试驾专员提前准备相应的试乘试驾车辆。

(2)执行参考。

①如客户已试驾过,直接询问客户试驾感受,并对客户的疑问给予合理的解释。

②如因客户未带驾照等原因,建议客户体验试乘。

③安排小孩、老人及孕妇在展厅休息并提供服务。

④客户等待期间关注客户。

⑤了解试乘试驾预约安排,避免时间安排冲突。

2. 试乘试驾车准备

(1)行为规范。

①在《试乘试驾使用登记表》准确记录试乘试驾车辆使用信息。

②准备试乘试驾车辆,保证车辆清洁。

③整备完毕后，将试驾车停在展厅门口，下车等待客户。

(2)执行参考。

①保证车辆外部整洁，内部清洁无异味。

②保持车内音响适度，准备CD(3张不同风格的CD)预先放在试乘试驾车内，试乘试驾时可供客户选择。

③确保车内空调适宜。

④准备瓶装水。

⑤保证燃油充足，确保车贴完好。

3. 办理试驾手续

(1)行为规范。

①签署协议：向客户解释协议内容及签署的必要性；IPAD拍照驾照并签署协议。

②向客户介绍试乘试驾路线以及所需要的时间；结合客户需求，给客户一个推荐路线，并询问客户的选择，如图7-12所示。

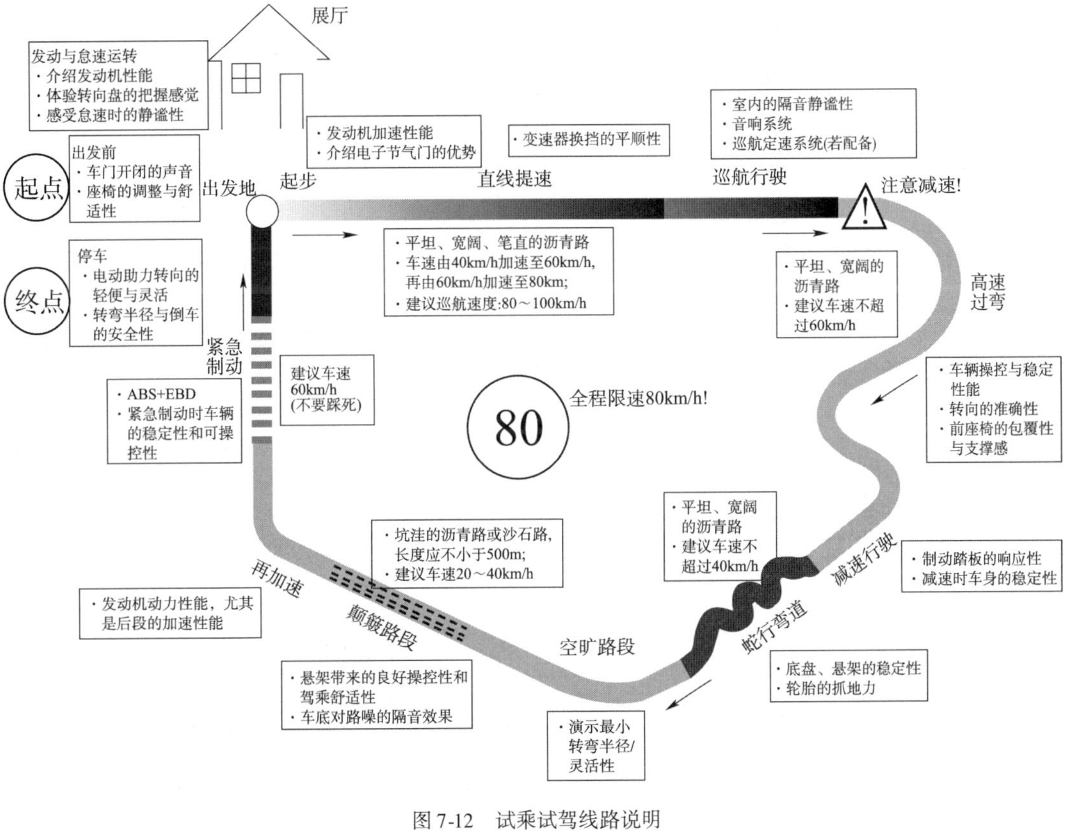

图7-12　试乘试驾线路说明

③向客户介绍试乘试驾程序，如图7-13所示。

(2)执行参考。

①文件的准备和签署要迅速。

②至少提供两条及以上路线。

③路线图应包含以下内容：路线长度、时间、每一路段的体验重点以及注意事项等信息。

④强调先试乘后试驾。告知客户在试乘试驾结束后回到展厅,给客户提供更为详细的方案介绍。

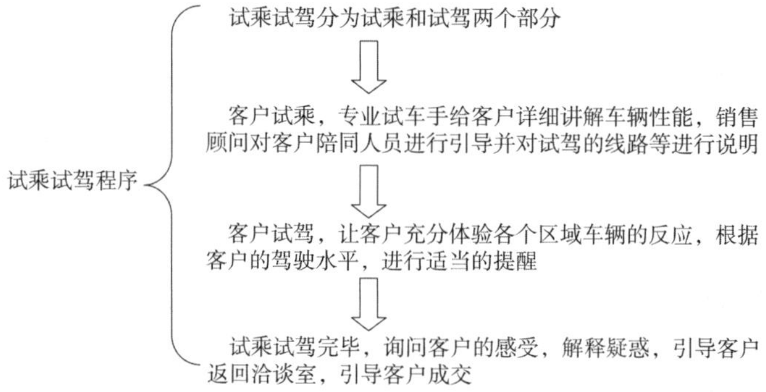

图 7-13　试乘试驾程序

4. 试乘

(1)行为规范。

①销售顾问向客户介绍试乘试驾专员;陪同客户到试驾车前;主动向客户介绍试乘试驾专员;将路线选择和 3 个客户重点体验点告知试驾专员。

②邀请客户进入车内,试乘试驾前向客户介绍车辆的基本操作。

(2)试乘流程。

①邀请客户进入到副驾驶位,提醒客户系好安全带,必要时协助客户系好安全带。

重点体验原地起步加速、直线加速、紧急制动、连续转弯、坏路通过,对客户感兴趣的功能重点展示,见表 7-3。

试乘试驾演示重点　　表 7-3

演示路段	演示重点
发动与怠速	介绍如空调等需发动后才可使用的功能;体验怠速静谧性
起步时	请客户体验发动机的加速性、噪声、功率/转矩的输出、变速器的换挡平顺性
直线巡航	体验室内隔音、音响效果、悬架系统的平稳性
减速时	体验制动时的稳定性及控制性
再加速时(依车速选择有利的挡位)	体验传动系统灵敏度,变速器换挡的平顺性及灵活性,发动机提速噪声
高速巡航	体验发动机噪声、轮胎噪声、起伏路面的舒适性、转向盘控制力
上坡时	发动机转矩输出、轮胎抓地性
转弯时	前风窗玻璃环视角度、前座椅的包覆性、方向的准确性(悬架系统与轮胎抓地力)转弯时车辆操控性及节气门控制灵敏性
空旷路段	示范行驶中使用转向盘上的音响/空调/电话控制键的便利与安全性

②在每次不同体验项目前向客户简单介绍接下来的体验重点。

③在急加速或者急转弯等体验项目前,提醒前后排客户系好安全带,扶稳座椅。

④结束后询问客户感受,并寻求认同,回答客户的疑问。

5. 试驾

(1)邀请客户试驾体验。

①在指定的地点熄火,取下钥匙。

②上车后把钥匙交与客户。

③提醒客户调节座椅、后视镜等。

④提醒前后排客户系好安全带。

(2)回答问题,处理异议。

①提前告知客户体验重点。

②在不妨碍客户试驾的情况下,回答客户问题,强调车辆好处。

③发现并记住客户的兴趣点和评论(至少3条,告知销售顾问),适时赞美客户的驾驶技术。

6. 了解客户试乘试驾感受

(1)陪同客户到洽谈区。

(2)提供饮品。

(3)了解客户试乘试驾的感受。引导客户作出正面评价。

(4)记录客户的试乘试驾反馈。

(5)结合客户的感受进一步介绍车辆性能,同时回答客户的异议,了解客户对车辆的认可程度。

(6)维护信息,制订跟进计划。

7. 执行参考

(1)销售顾问全程陪同客户进行试乘试驾,如若不能应与试驾专员充分沟通。

(2)试乘试驾换乘为临时停车,应提醒客户注意安全。

(3)可根据客户的兴趣具体调整试驾的侧重点。

(4)更新维护客户试乘试驾信息,包括体验关注,试驾抱怨等。

技能实训

在教师的引导下,以小组为单位学习相关技能,完成以下场景设置的车辆推介方法练习,最后以六方位介绍和FBI两种方法作为实操参加考核评价,见表7-4、表7-5。

实 训 场 景 表　　表7-4

情 境 一		
场景信息	到店次数	首次到店
	时间	早11点
	地点	某品牌经销店展厅
	人物	汽车销售顾问、客户
	天气	23℃
背景信息		客户黄女士与张先生,30岁左右,第一次到店,想看看有无合适的车型,销售顾问为客户建立舒适看车氛围,经过需求分析,了解到客户的购车需求及关注点,结合客户需求运用车辆推介的方法和技巧完成车辆推介,并顺利引导进入下一环节

六方位绕车评分表

表 7-5

流　　程	考核项目	分值	评估要点	得分
车辆推介	六位绕车法	5	从车前左前方位置开始,结合需求讲车	
		5	对发动机进行讲解	
		5	乘客侧进行讲解	
		5	车尾部进行讲解	
		5	后排座进行讲解并邀请客户进车体验	
		5	驾驶室进行讲解并邀请客户进车体验	
	FBI 运用	20	配置 5 分;优势 5 分;利益 5 分;例证 5 分	
	竞品分析	10	强调本商品优势 5 分;不恶意贬低竞品 5 分	
综合素质	语言	20	吐字清晰 5 分;语速适中 5 分;语调抑扬顿挫 2 分;逻辑性强 4 分;连贯 2 分;无口头语 2 分	
	时间管理	10	流程完整 5 分;不超时 5 分	
综合评定	总体评价	10	总体评价 1 ~ 10 分	
总分合计		100		

模块小结

(1)车辆推介的方法:六位绕车法、FBI 法。

①六位绕车法环绕产品对汽车的六个部位进行介绍,有助于销售人员更容易有条理地记住汽车介绍的具体内容,并且更容易向潜在客户介绍最主要的汽车特征和好处。

②FBI 法销售顾问一般只介绍或传达给客户是产品客观的功能性及好处,往往忽略了客户的感性面,那些可触动及创造客户购买欲望的更深层感性需求。

(2)六位绕车法具体步骤:左前方 1、发动机 2、乘客侧 3、车尾部 4、后排座 5、驾驶室 6。

(3)试乘试驾流程:

①主动提供试乘试驾服务。

②办理试驾手续。

③试乘试驾车准备。

④试乘。

⑤试驾。

⑥了解客户试乘试驾感受。

思考与练习

(一)填空题

1. 六方位绕车介绍法是从____________到____________,刚好沿着整辆车绕了一圈,并且可以让汽车销售人员把车的配置状况作一个详细的说明和解释。

2. FBI 是非常重要的产品介绍方法,其中 F 代表____________,B 代表____________,I 代表____________。

3. 试乘试驾，是指客户在销售顾问的陪同下，沿着指定的路线驾驶指定的车辆，从而了解这款汽车的＿＿＿＿＿＿和＿＿＿＿＿＿。

（二）选择题

1. 试乘试驾准备的文件资料有（　　）。

A. 试乘试驾管理表　　B. 本人身份证

C. 试乘试驾车辆保险单、行驶证　　D. 试乘试驾协议书

2. 试乘试驾前车辆准备（　　）。

A. 定期作 PDI 检查，查看车辆状态，排除任何故障

B. 车辆油料

（三）简答题

1. 简述六方位介绍法。

2. 试乘试驾执行时的流程及要点是什么？

模块八　报价成交

学习目标

1. 能够了解议价成交的目的、内容、原则等知识；
2. 能够掌握报价成交的流程要点、价格商谈的要点；
3. 能够识别成交信号；
4. 能够处理常见的客户异议；
5. 能够运用谈判的技巧促进促成交易；
6. 能够熟练运用促进交易的技巧。

建议课时

6 课时。

一、报价成交的流程

学习情境：客户李先生，30 岁左右，在产品介绍过程中对车辆的油耗及主要配置进行了反复确认，销售顾问根据销售的流程向李先生进行了报价。

案例导入：

客　　户：我觉得，你们的车还不错，但是太贵了。

销售顾问：张先生，您为什么会觉得这款车贵呢？

客　　户：我来之前在网上查的价格比你刚才的报价要便宜 8000 多元呢！

销售顾问：嗯，这样的情况是有可能的，为了吸引客户，网上的报价要比实际价格低，张先生，您会不会在网上买汽车呢？

客　　户：这……我会上网查查价格和配置，但是上网买车，我没考虑过。

销售顾问：是啊，网上购车虽会便宜一点，但是质量与售后服务难以保障。汽车不比衣服鞋帽，它是大件、贵重的商品，网上即使报价再低，真正购买却不实际。您放心，现在汽车这一行的竞争非常激烈，信息也非常透明，价格很难有水分。而且我们店是市内最大的经销商，给您的肯定是最优惠的价格，这一点我非常有信心。我们经常会了解同行的售价，我报给您的确实是最低价，您是企业老板，您的社交圈子大，而且交往的都是精英人士，我们不想和您做一锤子买卖,我们更希望您购车满意后,能多介绍朋友来光顾,所以,在价格上报的都是实价。

客　　户:哦,是这样啊,我明白了。

当客户觉得网上报价或异地报价比我们店的报价低时,销售顾问应该从哪些方面来向客户解释从而消除客户的疑虑呢?

(一)报价成交的意义

1. 交易洽谈的意义

销售过程中,交易洽谈的目标只有一个——“双赢”:客户以合理的价格购买到合适的车辆和服务;销售顾问能以客户可接受的最高价格销售车辆和服务,同时,让客户能找到“赢”的感觉。

——“客户询问价格≠客户在进行交易洽谈。”

2. 谈判的定义

谈判是以某种利益的满足为目标,是建立在人们需要的基础上的,这是谈判的动机,也是谈判产生的原因。同时,谈判也是寻求建立或改善人们的社会关系的行为。人们的一切活动都是以一定的社会关系为条件的。以汽车销售过程为例,形式上是买方与卖方的商品交换行为,但实质上是人与人之间的关系,是商品所有者和货币持有者之间的关系。

3. 客户的期望

(1)在整个购买交易过程中做到诚实、可靠、透明,而且能完全满足我的需求。

(2)推荐一款适合我的车,给我不高于其他客户的购买价格。

(3)向我说明所选择的产品、质保、服务和经销商具有的高附加价值,而且交易公平。

4. 销售环节价格体系的组成

(1)市场价格:厂家对市场公布的终端销售价格。如:4S 店展厅价格标牌、网络上、广告中公布的价格一般都是市场价格。

(2)优惠价格:各个经销商依据市场价格、厂家商务政策、市场状况等因素制定的市场优惠价格,其可能是市场价格也可能高于或低于市场价格,其优惠的形式一般表现为现金。

(3)展厅报价:一般各个经销商为了促进销售会在优惠价格的基础上再制定各种优惠政策(一般形式为赠品)在展厅中应用。展厅报价 = 优惠价格(现金优惠) + 赠品(大礼包)。

(4)客户心理价位:任何一个客户在购买产品时几乎都不会知道该产品的进价(或成本价),他们在充分了解并认同该产品的同时也形成了自己对该产品的价格取值,这就是客户心理价位。

(5)最终成交价:产品的最终成交价格,一般是展厅报价与客户心理价位之间的取值。按照这个价格体系理论,销售的报价协商环节就是销售人员同客户在展厅报价与客户心理价位之间寻找平衡点,这个平衡点就是最终成交价。在汽车销售过程中,销售人员认识并掌握了这个理论以后,就能够顺利地解除一直以来干扰他们的困惑。

5. 销售环节价格体系的意义

(1)按照销售价格体系理论,客户对销售人员的初次报价(展厅报价)不认同这是在报价协商环节非常正常的现象。销售人员不要为此产生急躁或不理解的情绪。

在实践中,许多销售人员非常感慨地说:我们的报价总得不到客户的认可。非常正确,客户在价格方面一般不可能接受你的初次报价(当然对于一些感性客户例外)。这是因为客户心里存在的问题:如底价是多少?最便宜了吗?不会上当吧?……有可能你并没有为客户彻底解决。你怎么能指望客户这时就与你成交了呢?

(2)当客户对你的初次报价表示不认可时,按照这一理论,你并不会茫然,因为,你知道接下来该做什么——积极、巧妙、准确地探寻客户的心理价位。您的朋友、同事是什么价格在哪买的?再送一个脚垫满足您的要求了吧?您说个价我看能否满足您的要求?等都是探寻客户心理价位的话术。

(3)在客户还没表露出其心理价位之前,销售人员应当十分清楚与客户关于价格的协商不可能很快结束。因此,销售行为上应该表现出不急、不躁、冷静、耐心。通过巧妙地探寻耐心地等待客户表露出其心理价位。

(4)有时不需要探究客户的心理价位,但有时一定要客户给出这个价位,因为从客户给出这个价位的行为中,我们还能够得出以下三个非常重要的结论:

①该价位距离成交价很远,这时你应重新审度客户的购买意愿了。

②该价位在成交价之内,那就抓紧成交。

③该价位距离成交价很近,采用赠品促使客户妥协成交。这些结论对于提高我们的成交率是非常有帮助的。

6. 购车费用的组成

客户在做出购买决策后,需要支付的费用包括:

(1)实际成交车价(又称裸车价)。实际成交价是在厂家指导价的基础上,由经销商与客户双方协商后确定的。不同客户不同购买时间购买的同一款车,价格可能不同,但相差不会太大。

(2)车辆购置税。购置税 = [价税总计/(1 + 13%)] × 10%。

(3)保险费。保险费用包括强制保险和商业保险两种险种的费用。其中,交通事故强制保险的费用为国家规定的固定费用;商业险费用则因客户选择不同的保险方案,产生的费用相应也不同。

(4)车船使用税。车船使用税,按照国家相关规定的税额征收。

(5)路桥费。路桥费是过路、过桥费用的总称。我国不同区域费用标准不同,有些区域甚至没有这项费用。

(6)车辆装饰费。车辆装饰费用为可选择性费用,如果客户有选择装饰项目,按照汽车4S企业的费用标准收取相关费用。

(7)车辆上牌费。客户自己办理上牌手续时,需要向相关管理部门缴纳一定的手续、成本费用。当客户选择汽车4S企业代办上牌手续时则应向企业缴纳手续、成本及一定的服务费用。(不同的企业服务费用各不相同)

(8)贷款购车的相关费用。如果客户选择贷款购车,还要在办理按揭手续时支付手续费及贷款利息等。

(二)报价成交流程

1. 报价成交流程

报价流程如图8-1~图8-3所示。

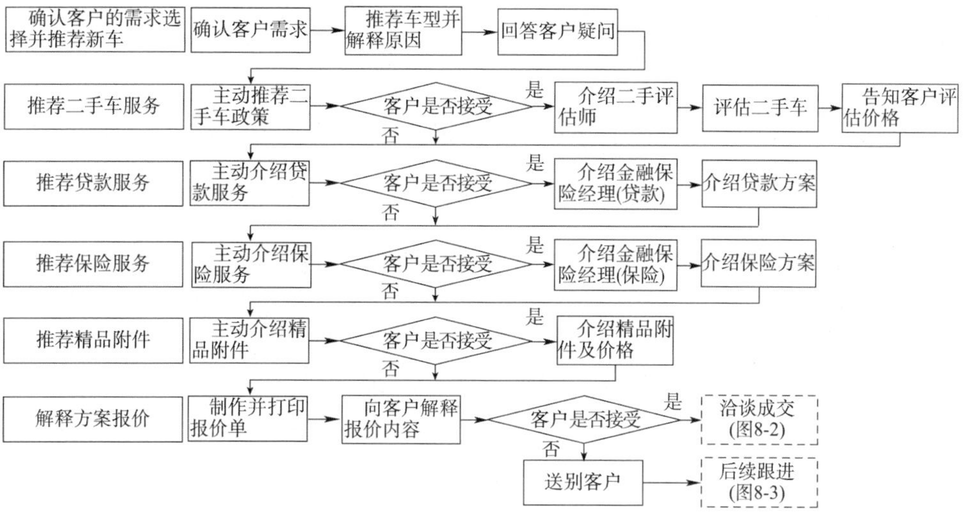

图 8-1　报价流程图

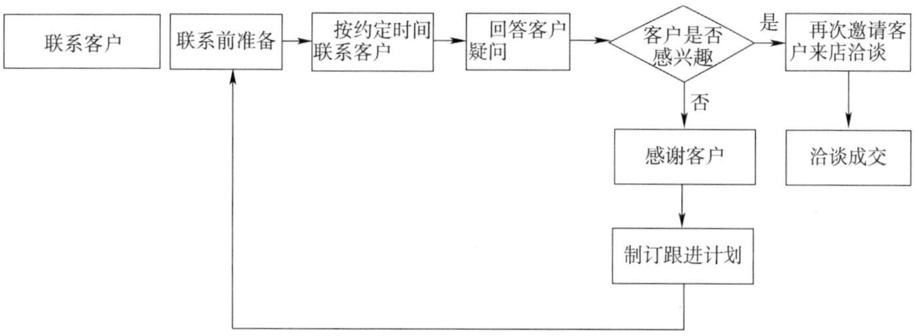

图 8-2　洽谈成交流程图

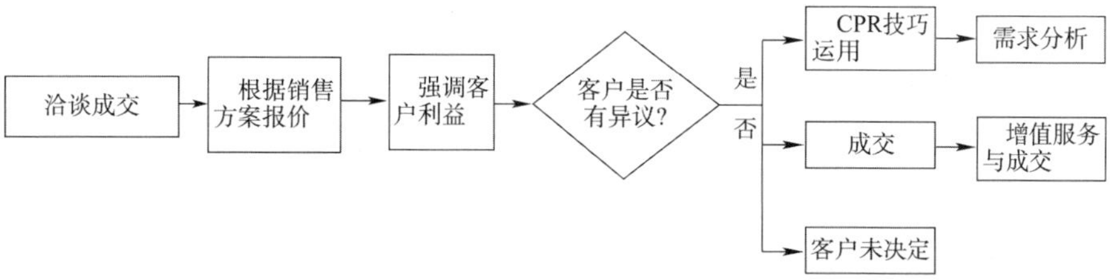

图 8-3　后续跟进流程图

请客户确认所选择的车型，根据客户需求拟订销售方案，明确报价，制作《报价清单》。

对报价内容和构成、各种费用进行详尽易懂的说明，让客户了解车辆最终上路相关项目的总价格。

说明销售价格时，再次总结产品的主要配置及客户利益，让客户有充分的时间自主审核销售方案。

若客户对报价事项有疑问,采用 CPR(说明 - 复述 - 解决)方法妥善应对,耐心回答其问题;若客户现场不能决定,表示理解,不对其施加压力,正面地协助客户解决问题。

针对重点客户,销售顾问可请求零售经理参与车辆价格洽谈,提升展厅成交率;针对置换客户,销售顾问可与二手车业务主管共同面对客户,协商置换销售方案,以降低客户对新车价格的敏感度,提高展厅成交率。

2. 购买信号识别

如何观察消费者是否要购买的信号问题,每当消费者对产品比较满意,决定考虑购买时,都会有一些信号给到销售顾问,如果销售顾问快速识别出这些信号,就能顺利邀请客户进入谈判阶段。以下 9 个信号的出现其实都是客户准备购买的一个苗头。但是需要注意的是,价格谈判的时机信号就和地震测量一样,如果判定动物大搬家的征兆就是地震来临的预警,这样未免会有点疯狂,但是如果各种仪器和各种动物都出现了震前的各种征兆,那么地震发生概率会很大。

同样,价格谈判的 9 个信号都出现了,那么消费者购买的可能性非常大,只出现一个信号,那购买的概率还不够大。

所以大家在做判定的时候,要注意多观察,看看这些信号出现了几个,原则上出现得越多,进入价格谈判的时机越合适,这 9 个信号分别是:

(1)主动问优惠信息。

(2)反复确认一些卖点信息(空间,油耗)。

(3)询问一些购买的额外信息,贷款、保险、颜色。

(4)询问使用和维护的一些问题。

(5)向销售顾问提出车辆不错,价格有点高这样的抱怨。

(6)在车辆停留时间很长,长时间思考。

(7)和随行人员长时间讨论。

(8)一天多次进店的客户。

(9)询问最近是否有大型促销活动信息。

二、客户异议处理

学习情境:客户李先生,30 岁左右,经过销售顾问的介绍和报价,李先生对车辆的配置比较满意,但觉得销售顾问的报价比网上报价高,销售顾问根据客户异议的分析处理,消除了客户的异议。

(一)客户异议的类型及产生原因

客户异议就是客户对车型、服务、销售人员及销售方式和交易条件产生的怀疑、抱怨或反对意见。客户异议存在于任何销售过程中,销售人员如果懂得异议产生的心理及处理技巧,就能冷静、坦然地化解不同异议,使成交更有希望,从而达到成功销售的目的。

1. 客户异议的类型

客户异议的类型是多种多样的,分析客户异议的类型有助于销售人员有效把握客户心理,顺利促成客户购买。通常情况下,客户异议包括以下几种类型。

1)价格异议

价格异议是客户对商品价格与价值是否相称的反应。对于客户的价格异议,销售顾问应正确认识和处理,否则会影响到销售的成功率。例如,客户提出“这辆车价格太高了,别的4S店比你们店的便宜”,这是客户受自身的购买习惯、购买经验、认识水平和外界因素影响而产生的一种自认为车辆价格过高的异议,它包括价值异议、折扣异议、支付方式异议和支付能力异议等。

2)需求异议

需求异议是客户提出自己不需要所销售的车辆。例如,客户表示“我们已经有车了,现在不需要换车”等。客户提出这类异议有几种可能:一是客户确实不需要购买汽车,二是客户的一种托词,三是客户可能对我们品牌的汽车还缺乏认识。销售顾问对此要做具体分析,搞清客户异议究竟属于哪一种,然后正确处理。

3)商品异议

商品异议是客户对汽车的使用性能、质量、设计、结构、品牌、规格等方面提出的异议,这是一种常见的客户异议。客户购买商品,就是看重汽车本身的性能或效用,对其提出异议,有的可能是因为该品牌的汽车本身确实存在某些缺陷,也有的是带有一定的主观色彩,如偏见、借口等。销售顾问对此要先作具体分析,然后再运用适当的方法和手段消除客户的异议。

4)货源异议

货源异议是指客户自认为不应该购买某销售顾问所销售的或所代表的企业的产品而提出的异议,也就是对汽车的来源的异议。例如,客户认为销售顾问所代表的汽车品牌知名度不高、过于偏僻、运输不便或分销渠道层次太多,怀疑销售企业的信誉和销售车辆的功能等。销售顾问可以对客户进行有针对性的解释和劝说,并可以向消费者提供厂家的代理授权证书、企业营业执照、产品生产和销售许可证、质量管理体系认证证书等,让客户信服。

5)购买时机异议

购买时机异议是指客户认为现在不是最佳的购买时间或无权作出购买决定时表示的异议。这种异议最常见的是客户不想购买所销售的汽车时找出的一些托词,如“过几天我再来看看”等。销售顾问对此也要做具体分析,再进行正确处理。

6)财力异议

财力异议是指客户认为无钱购买而产生的异议,这也是来自于客户方面的异议。许多情况下,真正财力困难的客户往往并不直接表示出来,而是通过其他方面,如质量、货源等间接表现出来,而财力并不困难的客户却常常将没钱挂在嘴边。

2. 客户异议产生的原因

客户异议既是成交的障碍,又是成交的信号。销售顾问应有正确的态度来认识和对待客户异议的产生。当客户提出异议后,销售顾问应冷静地分析异议产生的原因,并着手解决问题。

客户异议产生的原因可分为以下4个方面。

1)客户方面的原因

(1)客户的需要。

(2)客户的认识。

(3)客户的购买习惯与消费经验。

(4)客户的购买权力。

(5)客户的支付能力。

(6)客户的自尊心。

2)产品方面的原因

在洽谈中,客户对车辆的异议包括产品的价值、功能、利益、质量、价格、造型、式样、规格、包装等诸多方面。这些异议,有的的确是产品本身存在不足,有的则是由于客户的主观认识不同而导致的异议。由于客户总是以是否适合自己的需要作为判断的标准,因而提出各种异议也就不足为奇,销售顾问可以建立一个简单的划分标准,即如果大多数客户都对某项因素提出异议,即可以认为是产品方面的原因;如果只是少数客户对某项因素提出异议,则可将其归为客户的认识原因。

3)销售顾问方面的原因

(1)销售顾问素质不高。如果销售顾问不具备所要求的条件,服务不周,销售礼仪不当,销售信誉不佳,提供信息不足必然会引起客户反感,从而导致销售障碍的产生。

(2)销售顾问形象欠佳。销售人员的形象不仅指销售人员的长相、身材,而且包括销售顾问的气质、修养及衣着打扮。

(3)销售方法不当。销售技巧的成功运用在于恰当的时间、恰当的地点、恰当的对象与恰当的方法的有机结合,只要其中有一项不够恰当,就会导致客户反感。

4)其他方面的原因

除上述原因外,引起客户异议的原因还可能有以下几种:

(1)销售服务的原因。客户对销售顾问所提供的服务不满意而提出异议。

(2)交货时间的原因。客户由于交货时间不能达到要求而提出异议。

(3)企业信誉的原因。客户因企业规模小知名度低,或由于过去某种原因使企业信誉不佳等而产生异议。

总之,导致客户异议的原因是多种多样的,有些原因还相互交织、错综复杂。销售应认真分析,研究产生异议的真正根源,以便有针对性地处理客户异议。

3. 客户异议的识别

客户异议有时候是真实的,有时候是虚假的,只是一种借口。“借口”是一种试图隐蔽他真正问题的防御,处理借口没有意义,要找出借口背后真正的异议来处理。

按照性质的不同,客户异议可以分为真实异议和虚假异议两种。

(1)真实异议,又称有效异议,是指销售活动的真实意见和不同的看法,即客户提出的异议是客观存在的。对于客户的真实异议,销售顾问要认真对待、正确理解、详细分析,并区分不同异议产生的原因,从根本上消除异议,有效地促进客户的购买行为。

(2)虚假异议,又称无效异议,是指客户用来拒绝购买而故意编造的各种反对意见和看法,是客户对销售活动的一种虚假反应,带有强烈的感情色彩。有些问题可能客观上存在,但远没有客户描述的那样严重。

在销售过程中,客户的虚假异议通常可分为以下3种:

①客户对销售顾问介绍的产品有需求，但由于价格、信心等原因而不愿意立刻购买。

客户：这款车性能什么的都不错，就是这种红并不是我喜欢的颜色。

销售顾问：这款红色是非常经典的一款颜色，配在这款车型上，彰显时尚动感的同时又不失优雅的气质，非常符合女士您的气质与身份。

客户：颜色倒并不是完全不能接受，只是觉得花这么多钱还是想要买一款最理想满意的，你这个价格已经是最低价了吗？

②客户所提出的异议只是他用来敷衍、应付销售顾问的借口，目的是想和销售顾问谈价格才是客户真正在乎的因素，或不希望被销售人员打扰，想给自己独立思考的空间。

③客户虽然提出很多异议，但这些异议并不是他们真正在意的地方。

(3)当销售人员为客户提出的异议提供肯定确凿的答案时，注意留心观察客户的反应。一般说来，他们要是无动于衷的话，就表明他们没有告诉你真正的异议。

例如："就这个问题我可以给你一个详细的解释，您看可以吗？"看客户对你解释的兴趣程度。

(4)当客户在短时间内提出一系列毫不相干的异议时，他们很可能是在掩饰那些真正困扰他们的原因。

(5)通过进一步的提问，了解真实的原因。

例如："如果我能证明油耗并不高，您就能接受这款车了，是吗？"

(二)处理客户异议的原则和策略

1.处理客户异议的原则

销售人员只有遵循一定的原则处理客户异议，才能更好地与客户沟通，这也是与客户相处的基本保障。

(1)销售顾问保持自信。这是顺利完成销售工作的基本保证，销售顾问在销售汽车时，常常会遇到一些麻烦，如客户反映车辆质量不够好，产品的颜色、款式、配置简单等。对于这些问题，销售顾问应树立自信心，要有百折不挠的精神。当销售顾问以自信的状态将产品展示给客户时，会增加客户对产品的信任。

(2)尊重客户异议。作为一名销售顾问要想取得客户的信任，顺利展开销售工作，就必须先尊重客户提出的各种异议。若客户产生疑问、抱怨和否定情绪，无论客户异议有无道理或有无事实依据，销售顾问都应该认真倾听、温和对待，要表现出对客户的重视和尊重。也只有这样，客户才会主动将一些信息及时反馈给销售顾问。

(3)与客户永不争辩。在与客户洽谈的过程中，销售顾问应避免与客户争论，更不允许争吵。导致销售失败的原因中，销售顾问与客户发生争论高居第一位。由此可见，销售顾问能否与客户保持良好、和谐的关系是销售工作能否顺利开展的一个重要条件。首先，销售顾问应当时刻牢记提出异议的客户是合作伙伴，而不是与之对抗的敌人。实际工作中常用的方法是倾听客户异议，然后再找机会进行下一步的行动。其次、销售顾问应当树立"客户总是有道理的"观念，要明确销售的目的不在于明辨是非，销售洽谈也不是澄清事实的讨论会，销售的目的在于达成交易、满足客户的需要。

(4)维护客户利益。

①要认真分析客户异议。

②要懂得维护客户自尊。

③要强调客户受益。销售顾问处理客户异议,应注意强调客户是受益者。

2. 处理客户异议的策略

在销售洽谈过程中,来自客户方面的异议是多种多样的,也是十分复杂的。销售顾问要想处理好这一环节,从而达成交易,就应始终站在客户的立场上,处处为客户着想。

(1)要有正确对待客户异议的心态。在实际销售过程中,销售顾问经常会听到客户这样说:"我现在没有时间""让我再考虑考虑"等。逃避客户的异议不是办法,对待客户的异议要有正确而积极的心态。对销售而言,可怕的是没有异议,没有任何异议的客户是最令人头痛的客户。这些异议其实具有两面性:既是成交的障碍,又是成交的信号。销售顾问必须认识到,客户异议是销售过程中的必然现象,因为每个人对事物都有自己的看法,并非所有的产品都适应所有的客户需求。

(2)消除客户异议关键在于理解客户。销售顾问与客户之间存在矛盾是十分正常的,如果销售过程中没有客户的异议,反而应该视为危险的信号。重要的是客户提出异议之后,销售顾问如何面对和解决。在这里,最关键的是销售顾问能理解客户,也就是站在客户的立场来看客户为什么会产生异议,主要根源在哪里,而不是单方面地以销售顾问的角度去看待客户的异议。销售顾问要理解客户,首先应学会聆听客户的诉说。

(3)解决最棘手的异议——价格异议。在众多客户异议中,最让销售顾问感到头疼的就是价格异议。因为价格问题直接涉及客户的实际利益,是最敏感的异议,也是影响交易的最重要因素之一,能否妥善处理直接关系交易的成败。对许多客户来说,其实他们并不一定知道产品的真正价格,但他们确信提出疑问将会带来折扣或价格让步。对销售顾问来说,如果不知道一种产品的具体情况,如生产质量、营销等,价格异议应对也是一个难题。此时,当客户提出价格异议后,销售顾问也没有办法处理。

(4)借助其他因素软化客户异议。销售顾问自己来化解客户异议时,不管销售顾问态度如何真诚、手段怎样高明,总是多少让客户感到有些"王婆卖瓜,自卖自夸"的味道,难免对销售顾问存有戒心。如果此时能有一位"第三者"出面化解,则结果可能完全不同。例如,客户对某一款车的质量可靠性表示怀疑,这时找来一位曾多次使用过该款车的老客户现身说法,介绍他的使用感受,肯定能达到事半功倍的效果。

(三)处理客户异议的步骤

无论销售顾问的销售能力多么出色,在交易过程中也总会有一些异议发生。因此先规划好一个处理异议的步骤非常重要。

1. 倾听客户异议

客户在发表他的意见时,要注意倾听,并且不要打断。同时,要仔细听完他的全部意见,不要妄下断言,否则你的客户会认为既然你不了解他,那就不必再谈其他的了。请注意,在倾听对方谈话时,要表现出你了解并重视他观点的样子,即使他的"异议"是荒谬无知的,也要让他觉得你诚恳、关怀、热情和友善。

2. 对客户异议表示理解

你在倾听对方的“异议”后，不妨告诉他“你的意见的确与众不同，我确实了解你的感受。”“大部分人刚一开始都会有这种感觉，当然了，我想你一定想知道更多有关这款车的一切，是不是？”对客户表现出关怀与理解，但一定要把握尺度才能克服“异议”。

3. 澄清和确定客户异议

客户提出异议后，必须澄清其真伪性，通过一系列提问，确定真实的客户异议，然后重述一下，看销售人员对客户提出的异议的理解是否与客户出发点一致，对自己的判断予以确定。找不到客户真实的异议，就不能解决客户心中最大的疑虑。就像医生看病一样，只有找出病根，才能对症下药。

4. 解答客户异议

澄清客户异议的同时，要注意掌握处理异议的技巧，选择最好的回答。需要强调的是，最佳的回答总是取决于客户当时的情况和异议本身的特点，只有完全满足了客户的一切要求，异议才会消除。

5. 努力完成销售

在销售人员圆满地处理了客户异议后，就有可能达成交易，但是如果客户对销售人员的解答仍然摇头，则说明销售人员没有真正弄清客户的需要，仍需要进行沟通，直至客户满意，才能成功。

三、价格商谈技巧

学习情境：客户李先生，30 岁左右，销售顾问根据李先生的需求，有针对性地向李先生介绍了车辆的卖点后，李先生对车非常满意，但觉得价钱太贵，希望销售顾问能给个较大的优惠幅度，销售顾问运用价格谈判技巧促成了成交。

（一）常用成交方法

1. 直接请求

直接请求法是销售顾问通过信号判断客户有购买意愿时，直接提出建议购买的方法如图 8-4 所示。直接请求并不意味着简单地提出交易要求，而是在前期做了大量的需求分析、展示介绍，在客户充分了解并认可产品的基础上，引导客户进入交易环节。

话术示范：

“李先生，既然您对这款车型比较满意，不如我们现在就定下来吧”。

“李先生，我们都觉得这款汽车能够符合您经济省油、安全可靠的要求，不如我现在为您下单，怎么样？”。

图 8-4　签订购车合同场景

直接请求法能够快速地帮助客户作出购买选择，节约销售时间，提高工作效率，但是

这种方法有一定的局限性,会给客户带来压力。因此,直接请求法在以下情况下运用,效果会比较理想:

(1)面对老客户或已经建立了信任关系的新客户。

(2)销售过程中,客户购买意愿比较明显时。

(3)销售顾问成功解决了客户的异议,客户比较满意时。

2. 假设成交

假设成交法是销售顾问在发现购买时机成熟时不直接问客户买不买,而是在假定客户同意购买的基础上通过提出一些成交会遇到的问题来促成交易的方法。

话术示范:

销售顾问:“看得出来您对这款车各方面的性能还是比较满意的。您要是购买的话,会选择哪种颜色呢?”“这款车非常适合您,您要不要看看这款车可选装的配置呢?”,将类似的问题抛给客户,试探客户想法,如果客户回答是肯定的,就可以顺理成章地进入成交洽谈环节;如果客户回答是否定的,那么说明客户肯定还存在疑虑没有得到解决,销售顾问可以进一步询问客户的想法。

假设成交法可以通过试探性的问题自然地将销售洽谈引入实质成交阶段,不仅能够节约销售时间,而且一旦失败也不会造成尴尬的局面,更加不会影响销售顾问与客户之间建立的关系。这种方法常适用于以下情况:

(1)经取得信任的新、老客户和个性比较温和的客户。

(2)明确发出各种购买信号的客户。

(3)对某款车型表现出浓厚兴趣,没有异议或是异议得到解决的客户。

3. 赞美引导

销售顾问可以通过适当地赞美客户及同行人员,使客户感觉满意,营造一种和谐舒适的气氛,促成交易。需要注意的是赞美必须是发自内心的,是实实在在的内容。

4. 选择促进

选择促进法是指销售顾问为客户提供两种解决问题的方案供客户选择。这种方法可以有效地避开客户“要不要”的问题,引导客户思考是“要 A 还是要 B”。无论客户最终选择 A 还是 B,都会达到促成交易的目的。

话术示范:

销售顾问:“您是选择一次性付清还是按揭贷款支付呢?”“您想要购买这款车型的手动挡还是自动挡呢?”

销售顾问运用这种方法时应注意:

(1)尽量避免向客户提供太多的方案,最好就是两种选择。方案太多反而会令客户难以作出决定。

(2)所提供的选择方案应尽可能是客户感兴趣的,客户能够从其中作出肯定的答案,而不要给客户拒绝的机会。

5. 价格最小化

1)价格比较法

这个方法也经常用,若价格较便宜,就能和竞争者的同类服务比较,或者和客户常买的东西比较。如:这么实用的配置只要两张 CD 的钱。或者把上两种方法综合起来应用,如:每天付 1 元钱过滤车内空气,还不到买 1 个包子的价钱,就能为全家健康保安全。

2)价格转化为投资

告诉客户他事实上是在投资,投资就有回报,如采用这种经济性的加热系统,你可以在 10 年内节省 2 倍这种设备价钱的煤气费。

在销售过程中,询问客户今天是否决定购买,是试探客户购买意向和热忱度的方法,但却不是引导客户签约的好办法,因为这样问会让客户感受到做决定的压力而退却,销售顾问在谈判进入尾声该收单的关键一刻,要衡量判断:已经与客户相谈甚欢,双方都有今天要缔结的意向(虽然价格上还有差距)判断价格客户能接受(虽然他还要再低点或在犹豫不决中),这时抛出最终的优惠表示最大的让步(亏钱要挨领导骂),然后直接请客户把身份证拿来登记合同,签字后带客户到出纳处交款,自然地就和客户完成交易了。(不要再问客户:“你要决定吗?”)

话术示范:

销售顾问销售 3650 元的保险,不直接报价说这个保险多少钱,而是说:1 年期间你只要每天付 10 元钱。你认为你家庭的安全只值 10 元钱吗?谁会对这个问题回答“不”字,价钱变得越少,就越容易接受。

6. 利益促成法

利益促成法是指汽车销售人员以汽车的价值和利益来打动客户,促使对方采取购买行为的方法。从根本上来说,客户购车是因为汽车能满足自己的某些关键性的需求,所以,让客户不断地重温、体验汽车的利益是引导成交的一种好方法。

运用利益促成法时,销售人员要注意以下几点:

(1)锁定一款意向车型这是利益促成法的前提,销售人员只有确定了客户最中意的一款车型,才能有的放矢地进行利益阐释和说服。

(2)提炼几个主要卖点。汽车大部分的卖点和优势在销售人员为客户作产品介绍时已经重点推介过了,因此,在促成阶段,销售人员只需提炼汽车的 1 ~3 个最主要的卖点向客户作说明即可。

(3)适时保持沉默。当客户被汽车的价值和利益再次打动,开始认真思考销售人员的成交建议时,销售人员应该适时地保持沉默,或者转移到一些较为轻松的话题上,不宜再一一罗列更多的产品卖点,或者催促客户购买,应给予客户一定的自主思考时间。

话术示范:

客户:这款车不错,但是相同的配置,A 品牌的车要便宜很多呢。

汽车销售人员:张先生,A 品牌的车确实比较便宜,但是我猜,现在您的第一选择肯定不会是 A 品牌。

客户:为什么?

汽车销售人员:因为您现在买车最看重的不是价位,而是品质与品位,您和太太的工作都非常优越,即使在这样的一线城市,您一家的生活水平完全可以说是处于中高层次的。在平时的工作中,您接触的也都是精英人士,即使您不用座驾来标榜自己,别人也会用您的爱车来衡量您。所以,您需要的是一款能够体现品位与档次的车,我们这款车知名度很高,很多大企业在为公司购置高级商务车时都选择了我们这款车,例如某公司等。有这样一款爱车,您在任何场合都不会失面子的,您说呢?

汽车销售人员:张先生,我们库房有现车,您比较喜欢什么颜色……

(二)报价协商技巧

(1)在与客户谈价格时,最好只报一次价格,关键时刻用赠送(赠品)达成交易。

(2)在谈价时主动用“假定成交法”快速签合同。“看来没问题了,您是全款还是分期付款?您是现金还是刷卡?”。禁止使用以下语言:“您今天能定下来吗?您今天定还是明天再定?”等。很多销售人员认为这是“强迫成交法”,会对客户造成心理压力,其实不然,因为,许多客户在做出购买他喜欢的“大件”决定时他的内心急需“外力”推动,他对这个“外力”是不反感的,甚至这也是他的一种需求。

(3)与客户签合同时,最好主动把“已知项”填好,如车型、颜色、付款方式、姓名、地址及公司信息等,只留待讨论、未确定的价格一项,以便在价格确定后迅速签约。另外,在填“已知”项时要注意观察以下情况:

①客户对今天签约的意向有多大?你在填写“已知”项时,客户有无阻拦行为?

②今天签约的话,客户是交全款还是预付订金?如果交订金,能交多少订金?通过观察和交流得出明确结论。

③今天不能签约,问题出在哪儿?应当如何解决?

(4)在价格协商时,对于寻找成交价要善于使用“拍大腿”的成交技法寻找成交价。

(5)抓住关键时刻,再次使用“假定成交法”快速签合同、交车款。

(6)按照销售价格体系理论,初次谈判价格时,一般客户愿意付出的价格与商家愿意销售的价格是不一致的。价格商谈就是寻找这两者的平衡点——成交价。

(7)初始的谈判技巧是主动让客户先出价(客户心理价位)。如果客户心理价位与成交价相差悬殊的话,除了要重新审度客户的购买意愿以外,还应立即采取一些试探措施,如:您这么喜欢这部车,怎么着您也得让我出个价吧?您这个价让我没法出价,您看这样行吗?我再赠您一样东西。

(8)客户由于价格问题离开了店,若再次回来,我们一般要再次坚持刚才的价位,但客户又要走,一定要给予新的价格。客户由于价格问题要终止谈判时,销售顾问一定要注意弄清、观察客户以下行为:

①客户对产品认可了吗?

②你给出的价格是区域里目前最低的吗?

③客户终止谈判时的身体语言——是迅速离开还是不情不愿?

(9)对购买意向非常强的客户,由于价格问题很难成交时,销售顾问一定要向上级请示、说明,必要的时候邀请主管领导协助共同进行价格谈判,从而促进成交(图8-5)。即使不能实现销售也要对客户实行最终的销售暗示:我会把您的要求向领导反映,尽可能满足您的要求。我们过几天有一个活动,那时有可能会满足您的要求。

(10)对价格特别敏感的客户一定要执行第(3)小项,将合同的其他项目填好并引导客户承认一个方便的价格,以便快速实现最终的签约。

图 8-5　邀请主管领导协助谈判

(三)客户常用砍价话术及应对招数

1. 客户常用砍价话术

1)刚报完价就让销售顾问去向领导申请最低价

当销售顾问向客户报出首轮报价后,客户就会要求给优惠,销售顾问忍不住就给出了自己权限范围内的优惠额度,接下来客户就会提出他进一步优惠的要求。

客户:“价格合适的话可以交订金”。

在谈价格时,客户说出这句话的目的并不是真想买车,也不一定会立马就交订金买车,他只是想让销售顾问感受到他是真心来买车的而已,等你去向领导申请最低价,申请下来后,他才会在你申请的这个价格基础上和你谈价格。

2)在申请到的最低价基础上再砍价

销售顾问向领导请示价格回来后,本以为你已经把价格降下来很多,似乎已经到了客户的心理价位,但是客户却说:“小伙子非常感谢你,帮我那么辛苦地去申请价格。不过你申请到的这个价格还不是我想要的最低价,我告诉你我的心理价格吧。你再给我降 2000 元,这回我说话绝对算话的。我也知道你很为难,要不你再请示一下你们领导,要是可以我立马就交钱订车。”

为什么会这样子呢? 因为客户会认为,销售顾问申请下来的这个价格还不是领导同意的最低价,销售顾问一定会给自己留余量的。

为了争取到客户心中认为的最低价,客户会露出失望的神色,表示这个价格离他的心理价位还是有一定差距,并继续向销售顾问表达多么想买这车。有的客户,还会跟朋友一起去,他的朋友这时会配合着想离店的样子,其实这是做给销售顾问看的,为的是让销售顾问觉得煮熟的鸭子要飞了,销售顾问出于不甘心,从而迫使销售顾问必须报出店里的最低价。

这时候我们的销售顾问往往就再次去请示领导,报出一个价格。你就只能多少都再降一些,客户才会同意购买。

3)谈完车价后索要赠品

很多购车客户在谈妥车价后,提起笔正准备签订购车合同时才会提出索要赠品。比如,他们会优先提出要赠送行车记录仪、倒车雷达、全车贴膜、油卡、灭火器等。如果你不同意,他们就要求赠送脚垫、座椅套、竹炭包、头枕、抱枕、香水等。事实上赠品应该要在签合同前谈妥并写在购车合同上，而不是价格一旦谈妥就以为十拿九稳了。

4）在购买的装饰品上要打折扣或赠送

如果你向客户提出要求他购买装饰品，他就会告诉你说："你们这种装饰品水分太大，你给我打个折扣我就要"。客户认为到了这个时候销售顾问是绝对不会和他们急的，已经谈了这么久，要是因为这个有水分的装饰放弃就太可惜了。正因为我们的销售顾问有了这种心态，于是就掉进了客户挖好的大坑里。

5）要给免费维护优惠卡

这种优惠卡很多店里一年只发出去几十张，是给大客户或者难缠的客户准备的，但遇到那些难缠的客户，他们就会以能要到就要的心态来向销售顾问们提要求。

6）保险只愿意上主险

虽然很多店里对于新车都强制要求在店内投保，但很多客户会只选择上交强险、机动车损失险、机动车第三者责任险、机动车全车盗抢险和不计免赔险，而其余商业险就不愿意考虑了。

7）要求自己自行办理上牌手续

客户用完以上招数之后，我们的很多销售顾问都已经败下阵来了，好不容易客户同意签单了。这时候，客户还会说："嗯，这个价格我能接受了，不过上牌费用这一块要抹去，我自己上牌就可以了，不用你们帮我上牌。"本来这里可以赚一点点小钱的，都被客户无情地砍掉了。销售顾问们真是欲哭无泪！

经过这么几轮砍价下来，客户最终会拿到一张报价单，而我们的销售顾问只能灰头土脸地去见经理。有的客户对于报价单上的价格，还是拿不准该不该出手。他们怎么办呢？他们会厚着脸皮拿着报价单扬长而去，再到另外一家店去砍价，然后在别处买车。而销售顾问则很无奈。

面对以上这7招，作为销售顾问的我们，该怎么办呢？我们的口号是"不怕客户来砍价，就怕销售没预防。"

2. 砍价应对原则和技巧

（1）绝不无条件地主动做出让步，谁先让步谁被动。

（2）绝不主动透露自己的底价，反而要千方百计地去探询客户的价格底线，谁先透露自己的价格底线，谁就被对方抓到了命门。

（3）绝不在客户没有做出任何承诺或让步的情况下答应他的要求。

（4）就算要让价也绝不能一次让到底，让利幅度应该越来越少。

（5）客户要的不是最低价，但是你必须设法让他觉得一定到了最低价。

（6）要设法让客户先开口报价，他报出的价格，一般就是他的心理价位。

（7）一定要条件换条件，他要你送导航，你就要他买全险，他要你送保险，你就要他办按揭，总之不能无条件地给予好处。

（8）不在价格上死死纠缠，实在谈不下去了，双方都不肯让步，那就谈点别的吧，说说买车后的使用事项，说说别的客户是如何买车的都可以呀。暂时离开价格交涉，让双方都放松一下，更容易放松警惕。

（9）不主动提及价格优惠，客户还没表态要买汽车呢，你就提出优惠了，这不等于谈恋爱的时候，人家男孩子还没说要娶你为妻呢，你就主动提出给多少嫁妆了，那不是明摆着你害怕没人要嘛。

（10）客户没坐下来之前不谈价格，站着谈价格，客户随时都可以转身就离店，而且也不会把你说的话当真，他说的话也不能当真，要谈价，就要坐下来再慢慢谈，谈得越久，成交的可能性越大。

（11）爱砍价的客户才是真正会买车的客户，如果只是满口问这问那，这好那好的客户，通常还没有进入价格谈判阶段，甚至有可能车型都没有确定。

（12）客户没有确定具体需求之前不谈价格优惠，谈了也白谈。

（13）不谈价格谈价值，客户买的不是价格本身，而是价格背后所能带来的实实在在的价值，如产品是否方便使用，是否耐用，是否有面子，是否安全，和别的产品比起来好在哪里，为什么值得这个价钱，他希望的是觉得花这个钱花得值。

（14）不谈价格谈性价比，要在同样性能的情况下作价格比较才有意义，就像不能拿宝马和比亚迪一起对比价格一样。

（15）客户没有确定购买日期之前不谈价格优惠，谈了也白谈。

（16）客户没有明确购买车型之前不谈底价，谈了也白谈，要谈就只谈官方价。

（17）客户没有确定购买汽车之前不谈价格优惠，谈了也白谈，客户随时会拿着你给出的优惠到另外一家店里压价，然后在那里买车，你一点好处都捞不着。

（18）没有拿到客户的诚意金之前不给底价，给了你就上当了，客户也不会感谢你，更不会相信你给的就是真正的底价，就等着他向你提出更多的要求吧。

（19）至少要跑 3 次经理办公室之后才能同意客户的降价要求，他不是要一个最低价，而是要看到你为他做了很多事情。多跑几次经理办公室吧，跑得满脸通红的就算是把戏演到家了，你的单子也就签下来了。

（20）如果一再让价还是无法成交，那就跑一趟经理办公室吧，回来后把价格往上加，只要你加了，并给出一个合情合理的理由，奇迹就会发生了，客户立马同意购买了！

（四）新车费用计算案例

张三购买 2019 款帕萨特 280TSI 商务版国Ⅵ轿车（排量为 1.4T），新车购置价为 18.99 万元，颜色为玄武黑，选择按揭购车，首付 30%，贷款 3 年，购买交强险、机动车损失险、机动车第三者责任险（100 万）、机动车全车盗抢险、车身划痕损失险保额 5000 元、玻璃单独破碎险（国产）、不计免赔险、机动车车上人员责任险（购买驾驶位及副驾驶位）；贷款手续费 4S 店收取 3000 元，保险续保押金 1000 元，抵押登记费 280 元，张三现有一辆 2010 款 1.6L 自动经典精英型马自达 3 轿车，该车新车价为 12.88 万元，首次上牌时间为 2011 年 8 月，已行驶 50000km，车身颜色为银白色，经过 4S 店二手车评估专员评估，该车评估车价为 4.9 万元；试计算张先生本次购车的相关费用，参考计算结果见表 8-1。

新车销售报价单　　表 8-1

客户姓名：张三　　客户联系方式：13400000000

销售顾问：李四　　联 系 方 式：18100000000

选购车型	19 款帕萨特 280TSI 商务版国Ⅵ		车辆销售价格(元)		189900
颜色	玄武黑		台数		1
购置附加费	购置税(元)	16805	二手车	旧车原车价(元)	128800
	上牌费(元)	500		预评估价(元)	49000
	合计(元)	17305		车牌号	××××××
保险费用	车船使用税(元)	420		车架号	××××××
	交强险(元)	950		发动机号	××××××
	机动车损失险(元)	2525		行驶里程(km)	50000
	机动车第三者责任险(100 万元)	1630		车身颜色	银白色
	机动车车上人员责任险(元)	100	按揭	首付金额(元)	56970
	机动车全车盗抢险(元)	957		贷款金额(元)	132930
	玻璃单独破碎险(元)	285		月供(元)	3692.5
	车身划痕损失险(元)	570		服务费(元)	3000
	不计免赔险(元)	831		抵押登记费用(元)	280
	保险费用合计(元)	8268		保险保证金(元)	1000
备注：					

您需要提供的资料清单

1. 个人贷款申请表原件；
2. 身份证、驾驶证、户口本(首页,户主页及申请人页)原件及复印件(如有配偶或担保人,请一并提供)；
3. 结婚证:结婚证书原件及复印件或离婚证原件及复印件(民政局开具的同等效力的婚姻证明)；
4. 居民证明:房产证原件及复印件(购房合同、宅基地证等)；
5. 联系地址证明(最近的水/电/煤/电话账单即可)；
6. 近 6 月还款对账单(适用于房贷、车贷、信用卡或其他)；
7. 收入证明:如借款人为全职职工需提供收入证明原件(金融公司统一格式)及工资卡账户记录；
8. 稳定收入证明:如果借款人为私营业主提供营业执照及近 4 个月税单复印件；
9. 借款人银行账户

费用计算方法如下：

(1)购置税：

$$购置税 = \frac{价税总计}{1+13\%} \times 购置税率(10\%)$$

(2)上牌费:通常商家提供的一条龙服务收费约 500 元,个人办理约 373 元,其中工商验证、出库 150 元、移动证 30 元、环保卡 3 元、拓号费 40 元、行驶证相片 20 元、托盘费 130 元。

(3)车船使用税:1.0L(含)以下 300 元;1.0～1.6L(含)420 元;1.6～2.0L(含)480 元;2.0～2.5L(含)900 元;2.5～3.0L(含)1920 元;3.0～4.0L(含)3480 元;4.0 以上 5280 元。

(4)交强险家用6座以下950元,家用6座及以上1100元。

(5)机动车第三者责任险(100万元保险额度)保险费为1630元。

(6)机动车损失险保费:基础保费+裸车价格×1.0880%。

(7)机动车全车盗抢险:基础保费+裸车价格×费率。

(8)玻璃单独破碎险:进口新车购置价×0.25%,国产新车购置价×0.15%。

(9)自燃损失险:新车购置价×0.15%。

(10)不计免赔险:(机动车损失险+机动车第三者责任险)×20%。

(11)无过失责任险:第三者责任险保险费×20%。

(12)机动车车上人员责任险:每人保费50元,可根据车辆的实际座位数填写。

(13)车身划痕损失险:赔付额度2000元对应保费400元,赔付额度5000元对应保费570元,赔付额度10000元对应保费760元,赔付额度20000元对应保费1140元。

技能实训

(一)场景训练1:“这款车还不错,就是价格比较贵”

1. 典型场景

客户:我觉得你们的车还是不错,就是太贵了。

销售人员:李先生,您为什么会觉得这一款车贵呢?(询问为什么)

客户:我来之前在别的店看了相同配置的汽车,价格比你刚才的报价要便宜8000多元呢!

2. 常见的错误应对

“不会吧,我们的价格差不多啊!”对于喜欢“货比三家”的客户,这样的说辞掩盖不了事实的真相。

“不是相差很多,就几百元罢了。”这样的回答实质上是默认了客户的说法,但并没有作出合理的解释说明。

“一分钱一分货,我们的质量比他们好啊!”这样的解释过于苍白,没有实际的内容,缺乏说服力。

“你觉得他们便宜就去买好了。”这是明显的“赶客户”语言,客户转头就走。所以就算你内心不认同对方的看法也不能这么说。

3. 情境分析

客户在选车之前,可以通过多种渠道获得汽车信息,如网络、4S店、汽车城、亲友介绍等,因此大部分走进展厅的客户都是有备而来的,特别是价格上。在销售的过程中,客户往往喜欢在几个竞争品牌中对比选择,其中对价格的对比尤其敏感。实际上客户并非十分在乎这个对比的差价,关键是这个差价是否有价值,让客户感觉“贵得有道理”而愿意为之付出。

在回答客户这个问题时,销售人员首先要非常自信地告诉对方我们的汽车就是比竞争品牌的贵,然后再详细解释贵的理由,列举5个以上的细节,并把独特的优势有效地展示出来,让客户感觉到你的汽车确实是独一无二的、与众不同的,就应该值那么多价钱的。

4. 应对范例

客户:"你们跟 A 品牌配置差不多,为什么价格高那么多?"

销售人员:"您这个问题真是问得好! 没错,我们的汽车确实比 A 品牌贵!"(对产品充满信心、底气十足,客户往往会很好奇,停顿几秒再继续解释)

"我们贵当然有贵的理由啊! 实际上我们跟 A 品牌的配置是有差别的,比如他们汽车装的是普通车窗,而我们装的是电动车窗,按下按钮就可以控制车窗玻璃的升降,十分方便和安全。还有我们的汽车还加装了电动加热后视镜,冬季后视镜结霜或冻冰后,只要打开后风窗除霜开关,电动后视镜就会开始加热,后视镜上的霜或冰很快就会消失,非常方便实用。另外,我们的汽车还特别配置了倒车雷达,倒车时无须回头便可知车后有无障碍物,使停车和倒车更容易、更安全。这些配置都是实在有用的东西,价格上虽然高了一些,但我们买车不就是图个方便、安全吗? 您说呢?"

5. 成功技巧

客户:"你们与 A 品牌同档次的车相比,为什么贵那么多?"

销售人员:"您说得对,我们是比他们贵,而且还贵 2 万元!"(停顿一下)

"虽然贵 2 万元,但 80% 以上的客户详细比较后还是选择我们,为什么呢? 就是因为我们的汽车贵得有道理,贵得有价值! 您看我们汽车的车身,一体成型的侧围外板,让前、后门框和 A、B、C 柱成为完整一体,长达 41165mm 的激光焊缝,在国内的中级车中是绝无仅有的。还装备了 ESP 系统和 TCS 系统,大大提高了行驶的稳定性。在舒适配置上还安装双分区自动空调、定速巡航系统,长途驾车更轻松愉快。只要多付出 2 万元,您就可以每天都享受这样舒适和安全的感觉了,您还犹豫什么呢?"

(二)场景训练 2:便宜 3000 元吧,不行就算了

1. 典型场景

客户:你看,能不能便宜 3000 元,要是可以,我就马上下单,要是不行就算了。

销售人员:便宜 3000 元啊? 李先生,现在汽车的价格那么透明,我们平时卖一辆汽车的利润都不到 3000 元呢。

2. 常见的错误应对

"李先生,便宜 3000 元的话我们就亏大了,您行行好,至少别让我们亏本吧。"

"对不起,那是不可能的事情!""不好意思,我们这里不讲价!"和"很抱歉,这已经是最低价了!"这三种说法都是告诉客户议价是不可能的事情,客户如果对价格有异议那就请离开。

"这怎么可能,不可能少那么多啦!"这个回答是暗示客户降价是可以的,但不能降幅太大,让客户感觉价格存在较大的水分。

3. 情境分析

在汽车销售过程中,砍价议价就好比拉锯战,买卖双方都希望能以各自最理想的价格成交,当客户很有购买诚意,但要求必须进行价格让步时,销售人员一定要掌握好让步的技巧,如果让步太快、太多就会提高客户的期望值。在进行让步时一定要有耐性,不要太早摊牌,

而且要表明，让步是有条件的，例如价格不降，提供其他小支持；价格降低一些，但是服务条款要少一点等。为价格让步设置一些障碍，是为了让客户感觉到我们让步很难，比如需要请示领导就是一种障碍，而且也是销售人员让步下台阶的最好方式。

4. 应对范例

客户："别说那么多啦，再少 3000 元我就要了！"

销售人员："我猜您只是开玩笑说便宜 3000 元就买吧！"

客户："不会，我今天是带了信用卡过来的，只要您同意少 3000 元，我马上就交款。"

销售人员："可是我没有那么大的权力，如果您真的想买，那您就先交点订金，然后我再去请示经理，他如果不同意，我就把订金退还给您，您看行吗？"

客户："不用那么麻烦啦，您先去问，如果他同意了我就签合同交钱了。"

销售人员："我就说少 3000 元您也不会买，再说了，如果没收到订金，我去找经理好不容易批下来，您又变卦了，我怎么交代。您还是再考虑考虑吧！"

客户："好吧，我先交 500 元订金，您去问吧。"（销售人员在收到订金后，离开片刻再回来）

销售人员："太好了，经理批准了，请到这边签合同吧！"

5. 成功技巧

客户："别说那么多啦，再少 3000 元我就要了！"

销售人员："我很理解您的心情，也知道您很有诚意想买这款汽车，其实我也很想做成这笔买卖，但是我没有这个权限啊！"

客户："那你去问经理吧！"

销售人员："如果您自己决定下来今天就买，而且带足了订金的话，我才敢去找经理呀！"

客户："当然啦，只要他答应少 3000 元，我马上就签合同、交订金！"

销售人员："那好吧，我现在就做一份合同，价格就是降低了 3000 元的，您先签字，我再找经理签字，如果他同意了，那事情就办成了，您说呢？"

（三）场景训练 3："我还是想买合资品牌的汽车"

1. 典型场景

客户：我觉得 10 万元左右还是买合资品牌的车比较好，国产品牌的汽车在性能、设计和质量上与其相比还是有差距的。常见的错误应对：

客户：我想去其他店看看合资车，我对国产品牌的汽车不是很感兴趣。

销售人员：是中国人当然要支持国产嘛，其实国产品牌的车也是很不错的。

客户：你的意思是我崇洋媚外、不爱国，是吗！

"说者无心，听者有意"，汽车销售人员在推荐国产车时一句不经心的话很可能引起客户的误解与误会，甚至激起矛盾，因此，销售人员与客户交流时不能过于心直口快，说话要懂得斟酌。

2. 情境分析

合资品牌的汽车或者进口汽车在知名度、质量、技术、设计等方面比较有优势，而国产品牌汽车具有价格优势，性价比不错，而且日常使用、维修成本低，在设计上考虑了国内的道路条件、人的体型、驾驶习惯等特点，更加本土化和人性化。因此，客户在一定价格区间内选车时，往往会在合资车、进口车、国产车之间难以取舍。汽车销售人员应根据客户的需求和实际情况来突出国产车的优势，改变客户对国产品牌的看法和态度。

3. 应对范例

客户：我觉得10万元左右还是买合资品牌的车比较好，国产品牌的汽车在性能、设计和质量上与其相比还是有差距的。

汽车销售人员：张先生，您这个想法一点也不奇怪，好些客户都这么想过。(一句理解)

汽车销售人员：我在上半年接待过一位客户，他最开始跟您的想法一模一样，不想买我们国产的，想买合资的车。后来，他一连试驾了我们这款车四次，最后果断地买下来了，我现在还记得他当时说的一句话，他说"不管是合资的还是国产的汽车，都是在国内造的，没有本质区别。但是，同样10万元钱，买合资只能买中低配置的，而买国产车却可以买到高配置的，性价比高，再说维修既方便也经济。"他买这款车也有半年时间了，前几天他驾车路过这里，我们还聊了几句，他说汽车现在用着很好，一点也不后悔。(一个故事)

客户：是吗？

汽车销售人员：我们待会儿要去××路试驾，李先生刚好在那条路上开着一家烟酒店，我们可以顺便去跟他聊聊，您也可以详细了解一下国产车用起来到底如何呀。(一个实证)

客户：好吧，就这么办。

4. 成功技巧

"同排量的车型在价格上，进口车往往是国产车的1～2倍，一些知名汽车更是国产车的10多倍。也就是说，买一款进口车的钱可以买好几辆国产车。而且，进口车卖的是一个"名气"，消费者多付的钱并不是花在车上，而是花在进口车关税、运费、装卸还有进口商的利润上。还是国产车实在，物有所值。"

"购车的花费是一次性的，而日常使用、维修却是终身的。进口车的零配件价格和整车价格是成正比的，进口车的零配件也价值不菲，大概是国产车零配件的3～4倍。国外车辆更新换代迅速，如果车型淘汰了，要买零配件就更困难了。国产车的汽配市场现在不断升温，零配件供应充足，价格上也要实惠很多。"

"售后服务是买车时不得不考虑的一个重要因素。现在国内主要的汽车厂商都有完善的售后服务，在一些发达地区的乡镇甚至都有维修点。而很多进口车只在国内的大城市有为数不多的特约维修店，而且材料、工时费用高昂，要是涉及质量投诉、索赔，需要与国外厂家交涉，那就更麻烦了。"

"进口车大多数是根据其他国家的道路及人体设计的，不一定适合中国人的需求。而国产车的设计都考虑了国内的道路状况、人的体型、驾驶习惯等特点，在一些配置上也更加本土化，在驾驶的操控性的平顺性上要更优越一些。"

(四)考核评分表

考核评分表见表8-2。

考核评分表 表8-2

序号	价格谈判	分值	得分
1	销售顾问是否主动向您推荐贷款购车方式,并解释贷款方案?主动推荐,并介绍了详细的贷款方案(至少包括贷款年限、首付比例、月供金额、利息等)	20	
2	获取客户联系方式	5	
3	销售人员是否主动向您推荐保险业务,并解释保险方案?主动推荐,并详细介绍了保险方案(至少包括险种、金额、所能享受的服务等)	15	
4	销售人员是否主动向您推荐置换购车方式,并解释置换方案?主动推荐,并详细介绍了置换方案(至少介绍置换购车方式、置换政策等)	10	
5	销售人员最后是否为您提供了报价单并在议价时对报价给予合理的解释?有详细报价单,并在议价时作合理的解释。针对客户议价,通过现金优惠/精品赠送/优惠/金融服务费优惠/上牌费等多种组合进行促进成交(四种以上优惠)	30	
6	报价单填写准确,车型,配置,价格/优惠/服务费,上牌,保险,精品贷款相关等	20	
总分		100	

模块小结

(1)报价成交的流程:根据销售方案报价,强调客户利益,如果客户有异议,则运用CPR技巧进行需求挖掘从而促进成交。

(2)购车费用的组成,客户在作出购买决策后,需要支付的费用包括:实际成交车价、车辆购置税、保险费、车船使用税、路桥费、车辆装饰费、车辆上牌费、贷款购车(按揭手续手续费及保险公司保证金等)等费用。

(3)客户异议的类型主要有价格异议、需求异议、商品异议、货源异议、购买时机异议、财力异议、服务异议、对销售人员的异议等8个方面。

(4)客户异议产生的原因主要有客户方面的原因、产品方面的原因、销售人员方面的原因、其他方面的原因。

(5)按照性质的不同,客户异议可以分为真实异议和虚假异议两种。

(6)处理客户异议的步骤:①倾听客户异议;②对客户异议表示理解;③澄清和确定客户异议;④解答客户异议;⑤努力完成销售。

(7)常用成交方法有直接请求、假设成交、赞美引导、选择促进、利益促成法、价格最小化等。

(8)客户常用的七个砍价招数:

①刚报完价就让销售顾问去向领导申请最低价。

②在申请到的最低价基础上再砍价。

③谈完车价后索要赠品。

④在购买的装饰品上要打折扣或赠送。

⑤要给免费维护优惠卡。

⑥保险只愿意上主险。

⑦要求自己自行办理上牌手续。

思考与练习

(一)填空题

1. 顾问式销售流程由以下环节构成：寻找潜在客户、准备、接待、________、产品介绍、产品演示、________、交车、售后跟踪。

2. 购车费用的组成主要由实际成交车价(又称裸车价)、________、________、保险费、________、________、车辆装饰费、________、贷款购车的相关费用等组成。

3. 车辆购置税费用 = 实际成交车价 × ____________。

4. 客户异议的类型是多种多样的，通常情况下，客户异议包括价格异议、________、________、________、________和财力异议。

5. 价格商谈常用的成交方法有直接请求法、________、________、________、________和利益促成法。

(二)多项选择题

1. 购车费用的组成费用包括(　　)。

A. 实际成交车价　B. 车辆购置税　C. 车船使用税　D. 车辆上牌费

2. 销售环节价格体系的组成包括(　　)。

A. 市场价格　B. 优惠价格　C. 展厅报价　D. 客户心理价位

3. 客户产生异议的原因包括(　　)。

A. 客户方面的原因　B. 产品方面的原因

C. 销售人员方面的原因　D. 其他方面的原因

4. 汽车销售成本包括(　　)。

A. 汽车进价　B. 人员工资　C. 场地租金　D. 经营税费

5. 决定汽车产品性价比的主要要素有(　　)。

A. 产品技术性能　B. 产品销售价格　C. 售后服务体系　D. 汽车品牌价值

(三)简答题

1. 简述报价成交的流程。

2. 客户异议产生的原因有哪些？

模块九　新 车 交 付

学习目标

1. 能够熟悉新车交付的准备工作；
2. 能够熟知新车交付的操作流程；
3. 能够运用交车流程话术去完成新车交付工作。

建议课时

4 课时。

一、新车交付准备

学习情境：今天是林先生提车的日子。刚走进汽车公司的大门，就看到 LED 屏字幕写着“恭喜林××先生喜获××爱车，××汽车公司全体员工祝您上车发财，出行安全，我们将竭诚为您服务！”一看到字幕滚动着祝贺自己的贺词，林先生心里乐开了花。

汽车销售顾问热情地迎接了林先生，陪同他办理了提车和车辆移交等手续。

（一）新车交付的目的

对于大多数客户来说，车辆的移交是车辆购买决定、等待和期望过程的高潮，正是因为客户期待值很高，所以交车进行的好与坏直接影响口碑。从图 9-1 来看，客户心理兴奋度最高点是在交车时候，所以交车环节的好坏是影响着客户对销售公司、汽车品牌印象的一个重要环节之一，更是树立汽车品牌口碑的重要环节。

（二）新车交付前准备工作

新车交付前准备工作共有两项：等待期间关怀客户和交车前准备，如图 9-2 所示。

1. 等待期间关怀客户

在交车前，及时跟进车辆及精品附件的运输或到货状态，为确保能按时交车。如遇车辆延期交付，解释原因并取得谅解，并准备小礼物向客户表达歉意。主动联系客户并给予及时关怀，避免客户产生交车前后心理落差，联系客户告知预计的交车具体时间。

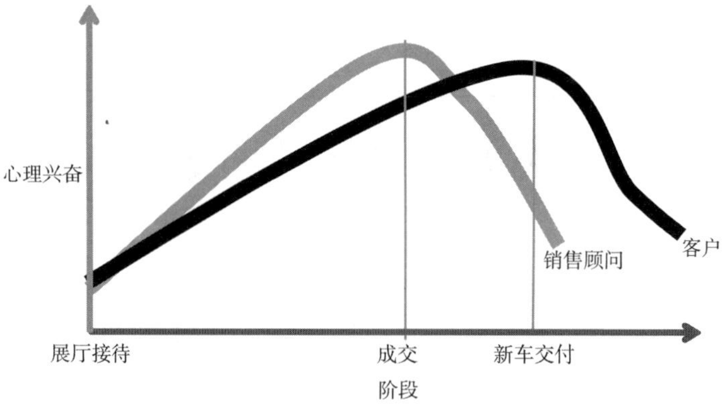

图 9-1 客户和销售顾问心理变化曲线图

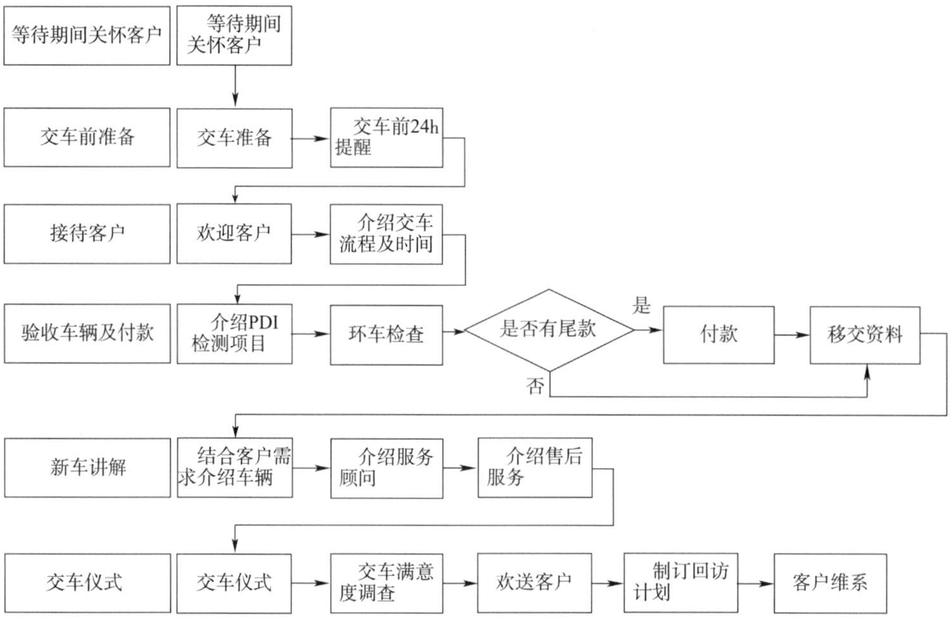

图 9-2 新车交付流程图

(1)电话邀约告知客户具体交车时间:包括交车前 3 日预约和交车前 1 日再次电话确认。电话邀约包括的内容有:

①打电话与客户预约交车日期,并引导客户在适当的时间交车。同客户确认交车时间。

②提醒客户携带上户人的身份证件及订车单据。

③向客户介绍交车内容和所需时间(交车流程需要 60min,包括六个流程:验看新车、签署文件与付款、新车使用说明、售后服务说明、车辆交付确认、举行交车仪式)。

④确认客户陪同人员(询问客户陪同人员,做好接待工作)。

⑤若客户尚有余款未付清,推荐客户刷卡及将尾款存入银行卡。

(2)交车前电话邀约术语案例。

销售顾问:您好,李小姐。我是 × ×汽车销售公司的销售顾问小梅,您订的爱车已经到店了,请问明天或后天方便过来提车吗?

客户李小姐:方便的,明天 10 点吧。

销售顾问：好的，帮您预约明天 10 点。请记得携带上户人的身份证件及订车单据。我们交车流程大概需要 60min，有几个流程：验看新车、签署文件与付款、新车使用说明、售后服务说明、车辆交付确认、举行交车仪式。请问您是和家人一同过来吗？

客户李小姐：就我一人。

销售顾问：嗯，好的。李小姐，您剩下尾款的支付方式，刷卡或现金两种方式均可，请提前准备，避免耽误您的宝贵时间。

客户李小姐：好，知道了。

销售顾问：那我们明天 10 点见。祝您生活愉快。

2. 交车前准备

交车前做好准备，委托服务顾问进行 PDI 检查，见表 9-1。PDI 是 Pre-delivery Inspection 的缩写，意思是“交付前检查”，是经销商将新车交付给消费者之前必须履行的检查程序。车越高档，电子自动化程度越高，那么 PDI 检查项目往往越多。新车从生产厂到达经销商处可能要经历几百上千公里的运输以及长时间的停放，其间有可能发生一些刮碰或其他意外情况。为了确保向客户交付的新车不存在任何问题，PDI 检查必不可少，它代表了新车从运输商品到正式“解锁”投入使用的转折。

清洁车辆，确保车辆清洁干净，并检查外观无明显划痕或飘漆等；内饰是否干净无异常，座椅真皮是否有污渍或破裂；而后给车辆加油，油量充足；预定交车位。为确保随车文件和工具完整，文件放到交车文件袋内，进行装袋整理。给客户提前准备小礼物，提前通知相关人员做好交车准备。交车前 24h 提醒客户交车事宜，避免客户忘记。

PDI 检 查 表　　　　表 9-1

<table>
<tr><td>VIN 码车架号</td><td>车型・年型</td><td>发动机号</td><td>颜色</td><td colspan="2">经销商名称</td></tr>
<tr><td></td><td></td><td></td><td></td><td colspan="2"></td></tr>
<tr><td colspan="2">1. 发动机舱(发动机关闭)</td><td>检查结果</td><td colspan="2">3. 底盘</td><td>检查结果</td></tr>
<tr><td colspan="2">冷却液(MIN-MAX)</td><td></td><td colspan="2">轮胎是否有缺陷和损坏</td><td></td></tr>
<tr><td colspan="2">清洗液(MIN-MAX)</td><td></td><td rowspan="4">齿轮油液面</td><td rowspan="3">手动变速器/变速驱动桥</td><td rowspan="3"></td></tr>
<tr><td colspan="2">发动机机油(L-H)</td><td></td></tr>
<tr><td colspan="2">制动液/离合器液(MIN-MAX)</td><td></td></tr>
<tr><td colspan="2">助力转向液(如有配置)</td><td></td><td>差速器</td><td></td></tr>
<tr><td rowspan="2">蓄电池状态的检查</td><td>接线柱的紧固</td><td></td><td rowspan="9">油液泄漏</td><td>制动管路</td><td></td></tr>
<tr><td>电池电压需大于 12.4V</td><td></td><td>离合器管路</td><td></td></tr>
<tr><td rowspan="2">传动带的状态</td><td>传动带无破损、污染</td><td></td><td>燃油管路</td><td></td></tr>
<tr><td>传动带张紧度确认</td><td></td><td>发动机机油</td><td></td></tr>
<tr><td rowspan="5">发动机舱内是否有液体泄漏</td><td>发动机机油</td><td></td><td>变速器</td><td></td></tr>
<tr><td>散热器冷却液、软管接头、水泵</td><td></td><td>转向机油(如有配置)</td><td></td></tr>
<tr><td>制动器和离合器管路</td><td></td><td>差速器齿轮油</td><td></td></tr>
<tr><td>动力转向管路</td><td></td><td rowspan="2">减振器</td><td rowspan="2"></td></tr>
<tr><td>燃油管路</td><td></td></tr>
<tr><td colspan="2">2. 外部</td><td>检查结果</td><td colspan="2">悬架与转向系螺栓/螺母的紧固情况</td><td></td></tr>
</table>

续上表

车门和门锁的状态	所有的车门都能够顺利地打开和关闭	
	检查车门与车身之间的间隙和面差	
	确保使用开启器/钥匙打开行李舱盖时能够平顺地打开	
	确认在使用外侧和内侧手柄能顺利打开/关闭车门	
	确保车门在锁止时不能被打开	
	确保使用钥匙能够锁止前车门并为其开锁	
	确保电动门锁控制系统工作正常	
	儿童锁工作正常	
发动机罩的状态	确保使用释放手柄时发动机罩很容易打开	
	发动机罩和翼子板之间的间隙及面差	
	用开启器能顺利开启	
燃油加注口盖的状态	盖与车身之间的缝隙和正确定位	
附件的状态	千斤顶和工具装备	
车轮的状态	备胎固定及气压检查	
	轮胎气压的调整	
	检查车轮螺母力矩和安装轮辋	

排气系统的装配情况		
车身下侧是否有损坏	制动管路	
	燃油管路	
	转向连杆和防尘罩	
	驱动轴防尘罩	
	驻车制动拉索	
4. 内部(发动机关闭)		检查结果
座椅的状态	座椅的前、后移动	
	靠背的倾斜	
	头枕的安装	
	后排座椅的折叠	
安全带的状态	安全带扭曲、脏污或损坏	
	安全带平顺拉伸、收缩	
	安全带的锁止	
	肩带固定点的调整	
转向盘的锁止和调整	转向盘的锁止	
	转向盘倾斜的调整与锁止	
后排座椅中央扶手/开关	扶手/茶杯托架	
	控制开关功能(如有配置)	

二、新车交付流程

学习情境:明天是汽车销售顾问小班的客户林先生提车的时间,今天小班开始对车辆交付的车辆及材料进行一一准备和检查,为了明天林先生快速、顺利地提车。

新车交付流程大致分为六个环节(图 9-2):等待期间关怀客户、交车前准备,新车交付的流程有接待客户、验收车辆及付款、新车讲解、交车仪式四个环节。4S 店新车交付流程细则见表 9-2。

(一)接待客户

提前 30min 把车辆停在交车区,提前安排好车辆、人员和环境,体现对客户的尊重,接待客户时要面带微笑,热情欢迎客户引导到达客户到休息区。待客户坐下后,主动提供客户偏好的饮品。再向客户介绍交车流程以及所需要的时间,让客户做到心里有数,注意强调交车后对客户的益处，并得到客户的理解与认可。在客户到店交车时，全体人员应保持热情，提高客户的交车满意度。

4S 店新车交付流程细则 表 9-2

<table>
<tr><td rowspan="6">交车前规范流程</td><td>订车</td><td colspan="3">了解车源、如无现车，应对客户做解释说明，同时注意时间预留</td></tr>
<tr><td>签署购车合同</td><td colspan="3">逐项解释如有现车全款到账时间写短，无现车交车时间写长（注意车辆配置，预留时间）</td></tr>
<tr><td>询问付款方式</td><td colspan="3">并适时介绍车险、一条龙服务、确认缴款方式和细项、依实际情况确认交车时间</td></tr>
<tr><td rowspan="3">交车款前</td><td rowspan="3">通知客户应准备材料</td><td>个人购车</td><td>身份证、户口本或居住证（外地人暂住证查询。预留核查时间）</td></tr>
<tr><td>单位购车</td><td>组织机构代码证、公章、营业执照正本</td></tr>
<tr><td>贷款购车</td><td>身份证、户口本、居住证、收入证明、工作证明、房产证、结婚证/单身证，银行流水</td></tr>
<tr><td rowspan="20">交车时规范流程</td><td rowspan="2">交车款</td><td colspan="3">表单齐备</td></tr>
<tr><td colspan="3">预约交车时间</td></tr>
<tr><td rowspan="4">内部作业流程提示</td><td colspan="3">签署合同确认车型及锁定车架号。车辆进入 PDI 状态。订单更改必须填写特殊优惠申请</td></tr>
<tr><td colspan="3">财务付款</td></tr>
<tr><td colspan="3">向展厅经理协调交车时间</td></tr>
<tr><td colspan="3">通知售后做好交车前准备工作　客户赠送及客户加装产品保修卡填写</td></tr>
<tr><td rowspan="9">邀约客户、确定时间</td><td rowspan="4">邀约客户前准备工作</td><td colspan="2">自检车辆 PDI 情况</td></tr>
<tr><td colspan="2">销售顾问按照《交车检查表》及 PDI 的项目进行自检</td></tr>
<tr><td colspan="2">销售顾问将车辆单据、证件与客户的证件、文书等分类放入资料袋中，做到客户只需要在《交车检查表》上签字确认的程度（并把客户加装产品的保修卡交与客户）前装产品保修卡妥善保管</td></tr>
<tr><td colspan="2">与展厅经理协调交车时间，确定交车安排表</td></tr>
<tr><td>邀约客户</td><td colspan="2"></td></tr>
<tr><td>约定交车时间</td><td colspan="2">同时提醒客户提车时带上身份证和购车合同订金单等</td></tr>
<tr><td>概述交车内容和所需时间</td><td colspan="2">概述中至少包含交付证件文书、车辆确认、引荐服务顾问介绍维护与修理相关内容、举办简短的交车仪式</td></tr>
<tr><td>询问客户是否有陪同人员</td><td colspan="2"></td></tr>
<tr><td>确认交车时间</td><td colspan="2"></td></tr>
<tr><td rowspan="5">热情接待、流程概述（10min）</td><td>提前准备欢迎牌</td><td colspan="2">提前准备好欢迎牌并置于醒目位置</td></tr>
<tr><td>等待客户</td><td colspan="2">在展厅门口等候客户的到来</td></tr>
<tr><td>热情接待</td><td colspan="2">感谢客户如约到来，主动迎接客户，请客户进入展厅，并主动提供热水，同时招待好客户的陪同人员</td></tr>
<tr><td>概述交车流程</td><td colspan="2">第一时间向客户概述交车的内容和所需的时间。概述至少包含：引导客户确认车辆、告知客户需要确认和一些签署的文件、向客户演示操作要领和提醒注意事项、引荐服务顾问并介绍保修条款注意事项、举行简短的交车仪式</td></tr>
<tr><td>全程陪同</td><td colspan="2">告知客户可以在过程中提问或随时指出不足，提出改进意见，并会全程陪同</td></tr>
</table>

续上表

交车时规范流程	交付证件与文书(10min)	清单证件和书面文件	基本文件	购销合同、购车发票、车辆合格证、发车单、使用维护说明书、首次维护凭证,保修手册及精品保修卡
			身份证明	身份证、户口簿、居住证、组织机构代码证、公章、营业执照正本
			贷款文件	1. 身份证、银行卡;2. 财产证明:房产证、收入证明/工作证明、存折/有价证券证明等;3. 贷款明细:个人贷款抵押合同、月还款明细等
			代理业务	1. 上牌:行驶证、机动车登记证、购置税证、购置税发票、车船使用税凭证、使用税发票、上牌牌照费发票等;2. 保险:交强险保单、交强险发票、商业险保单、商业险发票等
			其他	俱乐部服务卡/会员卡、增值服务合同等
		客户确认		
		向客户解释用途		销售顾问应在证件及单据交付过程中,向客户解释各种单据、手册的用途,并主动向客户展示费用明细表,解释各项明细费用。精品保修时间包括赠送精品保修时间及保修卡
		客户签署交车文件		请客户签署交车文件,确认车辆以及所有文件已交付给客户
		提醒客户分类保管好单据和手册	随车携带文件	临时牌照、行驶证、购置税凭证、车船税凭证、保单正本复印件、使用说明书(音响使用说明书、光盘)、首保凭证、服务顾问及销售顾问的名片、俱乐部服务卡/会员卡、增值服务合同
			自行保管文件	身份证、居住证、户口簿、房产证、工作证明、收入证明、贷款抵押合同、月还款明细、企业代码证、代码证 IC 卡、营业执照、车辆合格证、机动车登记证、保单正本(交强险、商业险保单)、购置车辆费用明细表、机动车发票、购置税发票、保险发票(交强险、商业险发票)、车船税发票、上牌费发票
	车辆确认、讲解使用说明书(20min)	说明准备工作		向客户说明所作的准备工作,如 PDI、时钟、收音机频道等,让客户知道我们所做的工作
		确认车辆状况		陪同客户确认车辆状况,如外观、轮胎、内饰是否有划痕、瑕疵等、座椅/皮(布)面是否完好清洁、并引导客户按《交车检查表》的内容逐项检查,如果确认无误,请客户在《交车检查表》中签字确认
		讲解使用说明书		向客户讲解说明书使用方法,现场向客户举一个查找某个项目的例子,演示给客户看
		讲解操作及注意事项		进一步说明车辆操作与使用注意事项,关键项目必须说明,如:钥匙和中央门锁、天窗应急关闭、安全带和气囊、儿童安全、座椅调整、倒车报警、转向盘、仪表指示、灯光、空调、音响、备胎、急救箱、警示牌等
		销售顾问示范		为客户进行演示性示范,以便客户日后更方便用车
		回答客户疑问		当客户对某些操作有疑惑时,要随时确保为客户作出正确回答或多做几次示范,解决客户的疑问

续上表

交车时规范流程	车辆保险及增值服务介绍(5min)	讲解理赔范围和注意事项		销售顾问应向客户详细讲解保险理赔范围及注意事项
		讲解出险流程及注意事项		向客户详细讲解出险时处理步骤及注意事项,务必使客户明确了解具体流程和注意事项
		介绍展厅经理		向客户介绍展厅经理
	引荐服务顾问介绍维护与修理(5min)	介绍服务顾问		销售顾问把服务顾问介绍给客户
		说明职责		服务顾问介绍自己,递交名片,告知24h救援电话,感谢客户成为××汽车公司的车主,并告知客户从现在起,如果车辆有任何问题,随时与我联系
		推荐预约		向客户介绍提前拨打电话进行预约,可根据售后服务情况最大程度地节约您的时间,首次维护是免费的
		维护及修理介绍	解释首保政策	服务顾问应向客户解释车辆首保里程,维护间隔
			说明磨合期注意事项	说明其重要性(尤其是水温表及油表的位置及含义)
			解释保修政策和范围	
			提醒客户携带物品	提醒客户每次维护或修理时,务必带上保修手册,行驶证
			邀约客户参观售后服务区	参观期间再次提醒客户预约服务,在本经销商处维护的优势不影响保修,配件正宗
	ISM销售满意度交车面访(5min)	维护及修理介绍	请客户对交车所有事项进行确认,销售顾问需确认客户已完全了解交车所涉及的事项	
			展厅经理感谢客户接受我们提供的交车服务,请客户对满意度作出评价(按ISM相关流程和要求执行)(ISM指Internal Sales Satisfaction Index Monitorin内部销售满意度指标监控)	
			向客户说明交车后ISM满意度电话回访的时间和内容	
			交车后如有问题欢迎客户随时咨询	
	交车仪式(5min)	介绍交车仪式		
		进行交车仪式		市场部安排人员递送鲜花,并说祝福语,在场员工鼓掌
		赠送礼品		新车带大红花,与客户合影留念
		送别客户		再次感谢客户成为本公司车主,如有问题,可随时联系我们。与客户道别,送客户到店外并目送客户离去
交车后规范流程	交车后销售回访	3年15次回访		注意回访技巧,从关爱用户出发
	交车后特殊日期回访	客户生日		
		重要节日		
		首保提醒		

说明:各单位可以结合当地的实际情况,参照上述流程进行微调,以适应公司使用。以上材料以当地规定为准。

(二)验收车辆及付款

带客户进行验收车辆,告知客户车辆已完成PDI检查,并出示检查表给客户过目,然后对照 PDI 检查表介绍检测项目，并回答客户存在疑惑的问题。最后陪同客户进行新车环车检查，介绍《新车交接确认表》(表 9-3)，请客户确认，如图 9-3 所示。

新车交接确认表 表 9-3

车型： VIN： 交车时间：

为了确保您的车辆在交车时处于完好无损的状态，我们在此之前对车辆已经进行了全面的检查，此外我们的销售人员已向您介绍了新车的操作方法以及车辆的保修政策和服务的范围。

以下是我们的新车交车确认表，请您与我们的销售人员共同完成，我们希望您能对我们的产品及服务满意，并祝您一切顺利。

一、车辆使用说明

□门窗快关及上锁的方法(车门儿童安全锁等)

□座椅位置和调整方法(座椅、转向盘、安全带)

□外后视镜和内后视镜的调整方法

□钥匙和发动程序

□组合开关的操作方法(前照灯、雾灯、转向灯、紧急指示灯、刮水器、定速续航控制等)

□前照灯清洗装置说明

□仪表板及各项指示说明

□变速器的操作方法

□发动机罩、行李舱盖、加油口盖操作方法和位置说明

□空调、音响系统操作说明

□天窗系统操作方法

□随车工具和千斤顶位置示意和使用方法

□备用轮胎的装卸方法

二、车辆确认(外部)

□车辆外观清洁

□检查车身无划痕、污渍

□检查玻璃无划痕、污渍

□检查轮胎、轮毂无划痕、污渍

三、车辆确认(内部)

□清洁车辆(烟灰缸、随车工具等)

□安置车厢内脚垫(未订购时可用脚垫纸代替)

□检查内饰颜色、无划痕、污渍

□确认电动装置能正常工作

□确认随车附件和工具：备胎、卸胎

□工具、千斤顶、点烟器、烟灰缸等

□确认订购装备

四、车辆文件交付

□发票

□合格证

□驾驶人手册

□维护/保修手册

□导航系统说明书(若配备)

□放行条

□保险单

□购置税

□车辆钥匙____把

其他项目

□车辆维护说明

□售后服务说明

□VSC/TRC/HAC 操作说明(若配备)

□智能钥匙和一键启动操作说明(若配备)

□AFS(前照灯智能随转系统)说明(若配备)

备注

销售人员

销售部长

客户署名

×××汽车销售服务有限公司

车辆验收完毕，引导客户进行付款。先确认付款金额，了解客户付款的方式并引领客户到收银处，介绍收银员。收银人员祝贺客户购得爱车，在收款时要唱收唱付，处理收款事项，呈递付款材料给客户签字，发票打印后递交客户，欢送客户。

引导客户在免费维护凭证上签字，对证件及单据进行确认，把随车资料和工具一一核对，并告知客户三包条款。将文件整理好并装袋，交给客户。

(三)新车讲解及售后说明

首先介绍车辆基本操作，回答客户的问题。常见介绍内容包括：座椅；后视镜；转向盘；

钥匙；多功能显示仪表；巡航；天窗；灯光；加油口盖；信息娱乐系统；泊车系统；驻车系统；安全配置；提醒加注的燃油标号等内容的讲解。也可根据客户的需要，重点讲解客户感兴趣功能。如客户时间紧张，预约客户下次深入交流。

然后提醒客户阅读《安全使用说明》，并将客户介绍给售后服务顾问认识。服务顾问递交名片给客户留存，方便客户后期进行车辆维修等电话预约。售后服务顾问介绍车辆维修常识及周期，介绍24h的救援热线，并介绍预约服务流程以及预约的好处。

图9-3　介绍检PDI项目，客户签字确认

话术示范：

销售顾问：林先生，下面我给您介绍一下新车的配置以及主要的功能：（进入车内给客户讲解，座椅和转向盘调整、后视镜调整、电动天窗操作、空调、音响、灯光、仪表、发动机罩、加油口盖操作、刮水器功能的操作。）您看还有什么疑问吗？

客户林先生：……

销售顾问：林先生，这是我们的服务顾问吕小姐。

服务顾问：您好！林先生。我是服务顾问小吕（同时递送名片），下面由我给您介绍车辆售后维护情况：您的爱车首保里程是7500km，建议您在5000km左右就过来维护。维护手册每次维护的时候都要用，请随车带好。我们的营业时间是早8:00—17:30（冬夏季可能有所不同）如果您想过来维护或者维修，请您提前24h拨打预约服务电话0476-×××××××，还可以享受9折的工时费。如果您的爱车在市区内出现问题，也可以拨打这个电话。无论任何时间，我们将前去救援。请问还有什么疑问吗？

客户林先生：谢谢，没有了。

服务顾问：祝您用车安全、愉快。如有问题，请给我们电话，我们将竭尽全力为您服务。

（四）交车仪式

交车是客户最兴奋的时刻，此刻是客户难忘的时刻，所以交车仪式也是客户对汽车公司留下深刻记忆的瞬间。将客户带至新车旁，祝贺客户成为新车车主，同时放礼花或送花的方式并合影留念（图9-4），照片要当场打印交与客户。若是电子照片，在3天内发给客户。

图9-4　车主与新车拍照留念

车辆交付后，由售后服务工作人员对客户进行满意度调查（图9-5），并告知客户接下来回访电话。客户离开前，提醒客户出去后及时加油，热情送别客户。交车后要制订跟踪计划，定期了解车辆的情况，与客户维持后续售后关系。

新车交车客户满意度调查问卷

尊敬的客户：

您好！非常感谢您选择深圳宝创BMW品牌。为了我们的服务更贴近你的需求，请您花几分钟时间填写以下问卷。我们将根据您的建议提供更加优质的服务，感谢您的配合与支持！

客户信息：

车主姓名		联系电话		备用联系人		备用电话	
车型		车牌号		车架号		销售顾问	

交车问卷：

1.请问您在车辆选购过程中，销售顾问是否主动邀请您试乘试驾？

是□　　否□

2.我公司会在未来两个月内邀请您参加新车使用培训，请问您是否参加？

是□　　否□

参加日期：________

3.是否收到BMW欢迎礼册？

是□　　否□

4.您感兴趣的活动为：

□高尔夫　□试乘试驾　□自驾游　□养生讲座

□户内外运动　□美食　□商务讲座　□电影，演出

□亲子活动（小孩出生　　年　　月　　日）

□其他：

5.您后期将收到宝马的8期杂志，您的邮寄地址是：

____

6.从接触我公司的第一步开始至今，请问您对整个交车流程是否感到满意？

非常满意□　　比较满意□　一般满意□　不满意□

7.为更好地提升我们的服务，请您提出宝贵意见与建议！

____

客户签名：________　　日期：________　　交车专员：________

再次感谢您对我们调研工作的支持与帮助，祝您身体健康，工作顺利！

图 9-5　客户满意度调查问卷

技能实训

实训情境:今天汽车销售顾问小班的客户林先生到店提车,若你是小班该如何将新车移交林先生?

(1)根据交车检查表进行交车检查实训。

(2)3~4人为一小组,轮流交换角色,参考交车流程话术进行新车交付练习。

(一)掌握交车流程话术

1.新车交付部分

(1)确保车辆准备就绪,无故障、清洁。

××先生(女士),车已经好了,已经进行了简单的外观清洗,咱们先验下车辆,主要看看车的外观及内饰,然后再进行下一步……

(2)介绍交车流程及所需时间。

××先生(女士),咱们的交车流程是这样的,先进行新车检查,检测完后可以交付整车款、开发票、上保险、做试驾、交接文件及随车资料、合影留念,整个交车流程下来大概2~3h。

(3)向客户介绍交车检查表,客户无异议时,请客户签字。

×××先生(女士),这是咱们车辆售前检查的PDI检测单,主要对车辆的制动、油液、灯光等进行全面的检查,确保车辆无故障后再进行销售,您看有什么需要咨询的吗?如果没有,请您在这里签个字。

(4)对车辆各项费用进行说明。

××先生(女士),咱们车的前期上路费用大概是××××××元,主要包括保险、购置税、上牌等费用。

(5)解释商品车销售合同内容,并签署合同。(运营评价检查的时候售车通知单就是合同,平时交车客户不需要此条款)

××先生(女士),这是咱们的销售合同内容,包括车辆成交价格、赠送、选装价格等,您看一下,如果没有什么疑问请您在这上面签字。

(6)移交随车资料和物品。

××先生(女士),咱们的所有手续都办完了,这是给您赠送的礼品,下面给您移交一下随车文件并讲解一些注意事项。

(7)在《新车交车确认单》上签字。

××先生(女士)您好,咱们的所有手续都办理完毕,您还有什么问题吗?如果没有的话请您在这里帮我签字,谢谢!

(8)举办交车仪式。

××先生(女士),为了恭喜您接到新车,咱们拍个合影留念。

(9)提醒客户加油,告知具体位置及油号。(即使已经为新车加了少量油,销售顾问也要提醒)

××先生(女士),您出去后第一件事先去加油,咱们车的油箱是55L,加92号汽油就可以了,出门右转直走就有加油站了。

2. 新车确认部分

您好,××先生/女士。这个是“新车交车确认表”,我将会用 10~15min 的时间来给您交接这款车的所有手续并说明注意事项。

首先是证件及单据的交接。

(1)购车发票,这个发票是非常重要的,我们以后做维护及修理都是要用到的,包括您以后做二手车置换用。

(2)发票注册登记联,是用来上户用的。

(3)发票报税联,是用来上购置税用的。这三联发票千万不要垫着写字,更不要折叠。我们一定要保护好。

(4)钥匙密码卡就是钥匙后面的黑色小标签。(随车型而定)用来配钥匙用的,如果您的钥匙丢失,想配一把新的钥匙可以直接到我们 4S 店就可以。

(5)售前检查证明,也就是我们所说的 PDI 检查,整车做了 25~29 项全方位检查,包括发动机、变速器、蓄电池、轮胎等重要部件的细致检测。保证了从 4S 店接走的每一辆车都是没有问题的车辆。您看一下,所有项目都是没有问题的,请您签个字。

(6)维修网点通信录,全国××多家的特许经销商的地址及联系电话都在这里面,方便您外出维护和修理。

(7)免检单,说明咱们车是不用上车检线的。

(8)钥匙两把(因车型而定)。

(9)合格证,上户用的。

(10)维护手册,每次维护的时候都要用。随车带好。

(11)首保免费凭证,(看车型而定)7500/5000 首保时需要携带,和发票复印件钉在一起。

(12)使用说明书,回去后一定仔细阅读,因为新车我们需要一个熟悉的过程,避免造成误操作。

3. 新车磨合注意事项

(1)新车磨合期参照维护手册。

(2)定期维护项目表,因车型而定,自然吸气是 7500km 以内或者 1 年以内。TSI 发动机是 5000km 以内或者 1 年以内。先到为准。

(3)质量保证期限及说明。3 年或者 10 万 km,先到为准,参照三包手册。

4. 新车功能讲解

(1)多功能钥匙,按一下开锁键解主驾车门锁,长按解锁键降下所有车窗(应车型而定)。

(2)座椅、转向盘。可现场演练并参照说明书。

(3)电动窗、天窗现场操作。

(4)灯光、仪表同上。

(5)后视镜调整同上。

(6)空调系统。简单跟用户介绍下什么是手动/自动空调。

(7)音响。实际操作并参照说明书。

(8)行车电脑。

(9)ESP 是电子稳定程序,对于我们日常行车非常重要。是无法加装的,只有在出厂时原装好的。它的功能是会纠正我们转向时的转向不足或转向过度,预防侧滑、甩尾,减少事故的发生,我们这款车型全系标配 ESP 电子稳定程序。

(10)EPB 和 AUTO HOLD 按键。EPB 是电子手刹即电子驻车制动系统,节省空间,美观实用,普通的手动驻车制动系统在行驶中除了漂移我们几乎用不到,而电子驻车制动系统会根据车速选择适当的制动力保证行驶的安全性,这样就更加提高了主动安全性能。安全性更好。

(11)倒车雷达按键。我们可以关闭和开启雷达,有利减少日常行驶时的噪声。

(12)CCS 定速巡航。CCS 又称定速巡航行驶装置、速度控制系统、自动驾驶系统等。在长途或者高速行驶时驾驶人可以启动巡航定速,之后不需再踩加速踏板。减少疲劳,降低油耗。

5. 车辆内外检查及工具

(1)刚才我们已经看过整车的外观和内饰,没有什么问题。

(2)千斤顶、三角警示架、备胎、牵引钩都在行李舱内。

(3)防盗螺栓现在很多车都已经不装备了,因为在日常维修时给维修人员增加了麻烦。

(4)随车工具包包括轮胎扳手、千斤顶、拖车钩、警示三脚架。

6. 服务厂家介绍

(1)首先感谢您选择了 × ×汽车的产品,未来在您前面,我们在您身后。× ×汽车拥有完善、精良的售后系统。设备都是目前世界先进的仪器及检测装备。我们的工作人员都是经过 × ×汽车总厂培训并认证的。

(2)我们有 24h 救援电话:0476- × × × × × × ×。如果您的爱车在市区内出现问题,可以拨打这个电话。无论任何时间,我们将前去救援。

(3)我们的营业时间是早 8:00—17:30(冬夏季可能有所不同)如果您想过来维护或者修理,请您提前 24h 拨打预约服务电话 0476 × × × × × × ×。到时可以享受 9 折的工时费。

(4)再给您介绍一名服务顾问。他是 × × ×,这是他的名片。如果您在日常用车中遇到一些难以解决的疑问,可以咨询服务顾问,他们会给您一个满意的答复。

(二)交车检查表

交车检查表见表 9-4。

交 车 检 查 表　　　　表 9-4

尊敬的客户:

非常感谢您对 × ×系列车型的厚爱,请您对车辆情况和销售顾问的服务过程进行确认:

公司名:____________　车型:____________　车架号:____________

发动机号:____________　预约首保时间:____________

项目	操 作 规 范	销售顾问自评 (已做请打"√", 未做请打"×")	客户评价 (满意请您打"√", 不满意请您打"×")
1	提前为您准备欢迎牌并热情接待		
2	向您概述交车流程的相应步骤和所需的大致时间		

续上表

项目	操作规范			销售顾问自评（已做请打“√”，未做请打“×”）	客户评价（满意请您打“√”，不满意请您打“×”）
3	是否向您解释所有文件，主次有序，快速有效	基本文件	购销合同、购车发票、车辆合格证、发车单、使用维护说明书、首次维护凭证		
		身份证明	(1)个人：身份证、户口簿、居住证； (2)公司：组织机构代码证、公章、营业执照正本		
		贷款文件	(1)身份证、银行卡； (2)财产证明：房产证、收入证明/工作证明、存折/有价证券证明等； (3)贷款明细：个人贷款抵押合同、月还款明细(根据各金融贷款公司要求)		
		代理业务	(1)上牌：行驶证、机动车登记证、购置税证、购置税发票、车船使用税凭证、使用税发票、上牌牌照费发票等； (2)保险：交强险保单、交强险发票、商业险保单、商业险发票		
		其他	俱乐部服务卡/会员卡、增值服务合同等		
4	提醒您分类保管好单据和手册	随车携带文件	临时牌照、行驶证、购置税凭证、车船税凭证、保单正本复印件、使用说明书(音响使用说明书、光盘)、首保凭证、服务顾问及销售顾问的名片、俱乐部服务卡/会员卡、增值服务合同、车辆合格证		
		自行保管文件	身份证、居住证、户口簿、房产证、工作证明、收入证明、贷款抵押合同、月还款明细、企业代码证、代码证 IC 卡、营业执照、车辆合格证、机动车登记证、保单正本(交强险、商业险保单)		

续上表

项目	操作规范			销售顾问自评 （已做请打“√”，未做请打“×”）	客户评价 （满意请您打“√”，不满意请您打“×”）
4	提醒您分类保管好单据和手册	自行保管文件	购置车辆费用明细表、机动车发票、购置税发票、保险发票（交强险、商业险发票）、车船税发票、上牌费发票		
5	请您确认车辆状况及功能完好	车辆经过清洗			
		约定的车型和颜色			
		车身油漆、内饰			
		发动机运转（包括冷却液、制动液、机油等液位）			
		制动、离合、转向盘转向			
		车锁/中央集控门锁/遥控门锁（根据配置检查）			
		全车玻璃			
		电动天窗（根据配置检查）			
		后视镜/外后视镜调节			
		喇叭			
		空调制冷/制热			
		全车灯光			
		座椅及调节机构			
		点烟器、电源插座、烟灰缸			
		底盘			
		轮胎及气压			
		刮水器及风窗清洗装置			
		收录机/CD 播放器/DVD/导航系统/多功能转向盘（根据配置检查）			
		工具包			
		备胎			
		轮毂盖			
		钥匙/遥控器			
		天线			
		千斤顶			
		警告牌			
		油箱里已有不少于 1/4 的燃油			
6	向您讲解使用说明书、操作方法和注意事项				
7	向您讲解理赔范围、出险流程和注意事项				
8	向您介绍服务顾问，并进行维护和修理、预约服务介绍				
9	向您介绍展厅经理，请客户对满意度作出评价				
10	向您介绍交车后满意度电话回访的时间和内容				

续上表

项目	操作规范	销售顾问自评（已做请打“√”，未做请打“×”）	客户评价（满意请您打“√”，不满意请您打“×”）
11	为您举办交车仪式，并令您满意		
12	销售顾问是否全程陪同，且服务态度令您满意		
13	您提出的疑问，是否得到满意的回答		
14	交车时间是否符合您的需求		

销售顾问签字：　　　　服务顾问签字：

日期：　　　　客户签字：

　　　　日期：

（三）交车技能实训评分表

交车技能实训评分表见表9-5。

交车技能实训评分表　　　　表9-5

序号	交车流程内容	分值	得分
1	电话邀约：（交车前3日预约，交车前1日再次电话确认）每个2分 （1）打电话与客户预约交车日期，并引导客户在适当的时间交车。同客户确认交车时间； （2）提醒客户携带相关证件及单据（带上上户人的身份证件及订车单据）； （3）向客户介绍交车内容和所需时间（交车流程需要60min，验看新车、签署文件与付款、新车使用说明、售后服务说明、车辆交付确认、举行交车仪式）； （4）确认客户陪同人员（询问客户陪同人员，好做好接待工作）； （5）推荐客户刷卡及将尾款存入银行卡	10	
2	接待：每个2分 （1）在约定的时间在展厅等待客户（在约定的时间在展厅迎接客户，并感谢客户如约到来）； （2）热情招待引导客户及陪同人员进入舒适区（饮料提供）； （3）向客户概述交车内容和所需时间并告知客户会全程陪同（交车流程需要60min，验看新车、签署文件与付款、新车检查与使用说明、售后服务说明、车辆交付确认、举行交车仪式，在交车过程中有什么疑问您可以随时问我，我会全程陪同您）	6	
3	车辆确认：每个2分 （1）向客户说明准备工作（展示新车、告知客户车辆已作过PDI全车检查，请客户确认时钟已调试标准及收音机已设置好至少3个FM电台）； （2）请客户签字确认车辆状况（核对车架号、发动机号、车辆颜色）； （3）请客户按《交车检查表》逐项检查车辆，并请客户签字确认（确认车辆外观、轮胎、内饰、是否有划痕瑕疵等）	6	
4	尾款交付 介绍收银员，收银员礼貌说明应交尾款并让客户付款，将购车发票/银行卡/放行条交与客户，提醒客户妥善保管	10	

续上表

序号	交车流程内容	分值	得分
5	交付证件和书面文书:每个3分 (1)同客户一起确认清点证件和书面文书(如购车合同、增值服务合同、发票、合格证、购置税证、行驶证、保单、使用说明书等); (2)向客户解释各种单据手册的用途,并解答客户的疑问,向客户解释各种单据手册的用途,并解答客户的疑问,主动展示费用明细文件,并解释费用明细表(如按揭、上牌、车险、原装附件,并能熟练讲解其内容); (3)请客户签字确认收到的证件和书面文书; (4)提醒客户保管好单据和手册,将书面文书分类放入档案袋内,必须要有分类的动作,并提醒客户一定要保管好文件	12	
6	车辆使用说明:每个5分 向客户讲解操作及注意事项并向客户演示车辆的主要功能(如讲解钥匙、中央门锁、仪表指示、灯光等的使用方法并进行示范,当客户有疑问时随时与客户解答,并多示范几次,解决客户的疑问)	15	
7	维护与修理介绍(服务顾问介绍售后服务事宜时,应使用《使用维护说明书》)每个3分 (1)向客户介绍服务顾问,不配分; (2)服务顾问介绍自己、递名片,说明自己的职责; (3)向客户推荐预约服务、说明24h服务热线(0395-2158222); (4)向客户解释首保政策(首保免费,首保5000km或者3个月,哪个先到哪个为准,首保之后每间隔5000km维护一次,提前打售后服务电话预约,安排好合理的时间以便到站维护时不用排队等待); (5)说明磨合期注意事项(2000km以内为磨合期,磨合期期间车速不能超过100km/h,转速不能超过3000r/min,每个挡位都要磨合,磨合期过了之后可适当跑一下高速); (6)解释保修(注意质保期间不能脱保,否则不享受质保); (7)告知客户在我公司维护的好处(最先进的设备,最优质的服务,保证原厂配件); (8)提醒客户维护维修时,务必带上《维修手册》、行驶证	24	
8	向客户说明回访时间和内容:(询问客户回访电话一天当中适当的时间和方式)每个3分 (1)销售顾问本人的回访:当天询问客户是否安全到家;第三天询问客户操作是否熟悉,包括一周一个月等三年的时间一直会关心着你,该维护的时候一定会提前通知您的; (2)我公司回访员/客服专员(区号0771的固定电话)的回访:在开完发票三天会给您做回访,她会核对车辆信息,包括车型、颜色、包括对我的服务进行打分,如果您对我的工作满意的话,麻烦您到时候给予我10分的打分; (3)上海大众厂家的回访(区号400的固定电话)问题与公司回访的问题一致,希望到时候您能给予我特别满意10分的打分; (4)向客户说明交车后的咨询服务(客户如有疑问可随时打电话咨询)	12	
9	交车仪式 (1)向客户介绍交车仪式的内容; (2)展厅经理、销售顾问、服务顾问为客户举行交车仪式; (3)向客户赠送礼品、拍照留念等; (4)与客户道别,目送客户离去	5	
总分		100	

模块小结

(1)新车交付进行的好与坏直接影响 NPS。

(2)新车交付前的交车准备:

①清洁车辆,检查车辆外观及内饰。

②进行整理清点车辆购买相关文件。

③电话邀约客户提车时间。

④交车前做好准备,委托服务顾问进行 PDI 检查。

(3)车辆验收:

①带客户进行验收车辆,介绍 PDI 检测项目。

②进行环车检查。

(4)新车交付流程大致分为六个环节:

①等待期间关怀客户。

②交车前准备。

③接待客户。

④验收车辆及付款。

⑤新车讲解。

⑥交车仪式。

(5)新车介绍:对车辆功能一一进行讲解或根据客户的需要,重点讲解客户感兴趣功能。

思考与练习

(一)填空题

1. 客户的心里兴奋度最高的是____________阶段。

2. 单位订车,需提供____________________证件。

3. 个人订车,需提供____________________证件。

4. 4S 公司除了汽车销售外,一般还代理的业务有____________________。

5. 车主贷款购车,需提供的贷款材料有____________________。

6. 车辆需办理贷款购买时,需提供的材料:婚姻证明:____________;财产证明:房产证、收入证明/工作证明、存折/有价证券证明等;贷款明细:个人贷款抵押合同、月还款明细(根据各金融贷款公司要求)。

(二)判断题

1. PDI 意思是"交付前检查",是经销商将新车交付给消费者之前必须履行的检查程序。 (　　)

2. 电话邀约告知客户具体交车时间,只需要在交车前 3 日预约。 (　　)

3. 在客户到店交车时,全体人员应保持热情,提高客户的交车满意度。 (　　)

4. PDI 检查表上需要客户签字确认。 (　　)

5. 在交车前，及时跟进车辆及精品附件的运输或到货状态，为确保能按时交车。（　　）

6. 新车交付前，经销商必须将新车加满油。（　　）

（三）简答题

为了增加客户对公司的深刻印象，在交车时如何给车主制造惊喜？

模块十　客户关系维系

学习目标

1. 能够掌握成交客户的跟踪方法，具备与客户沟通能力；
2. 能够掌握未成交客户的跟踪方法，具备与客户沟通能力。

建议课时

2 课时。

一、已成交客户关系维系

学习情境：一汽大众品牌4S店汽车销售顾问小刘接待黄女士到店里购车，黄女士看中了一辆高尔夫7的GTI小车，且直接购买了。小刘为了黄女士办理了相关手续，并且为在接下来一段时间做好客户关系维系工作做好准备。

（一）客户关系维系的内涵

1. 维系客户关系的含义

客户关系的维系，是指客户买车以后，在相当长的一段时间内不再联系销售顾问，但销售顾问应不停地跟客户保持联系，以维持客户忠诚和发掘客户价值。比如说天气预报今天有雨，销售顾问就给客户发短信，提醒客户开车路滑小心一点。若天气预报说冷空气马上要来了，销售顾问发短信提醒客户多穿一点衣服不要感冒等。这样，客户的感情线就拉起来了，以后有什么情况，自然首先就会想起你。

2. 维系客户关系的价值

汽车销售是否在交车流程完成以后就万事大吉了？其实不是，恰好相反，交车服务的结束，只是代表一个新的开始。一方面，客户购车之后的维修支出以及二次购买的利益，都将给汽车专卖店带来可观的经济效益。另一方面，老客户也是一座桥梁，是招引新客户的有效手段。因为开发一个客户很难，但通过老客户介绍新客户就容易得多。这就是销售顾问各显神通，努力维系客户关系的原因所在。

（二）维系客户关系的形式

就像朋友之间的关系有深有浅一样，客户关系的维护也是由浅入深的层进过程。

第一层是最基本的交易关系，比如我们的新车价格低、配件和工时价格便宜、提供优惠维护套餐等，都是在价格上给客户以优惠，这是最常见也是最简单的关系维护方式。

第二层是情感关系，比如服务顾问拜访、节假日问候、爱车讲堂解决客户车辆使用的疑惑、客户咨询和投诉快速有效处理、提供个性化维护方案等，都是在情感上和客户拉近距离，让客户感受到专卖店的关注和体贴。

第三层是社会联系，比如车友会组织的自驾游、公益活动、亲子联谊会，还有像其他行业的消费优惠卡等异业联盟，如图10-1所示。

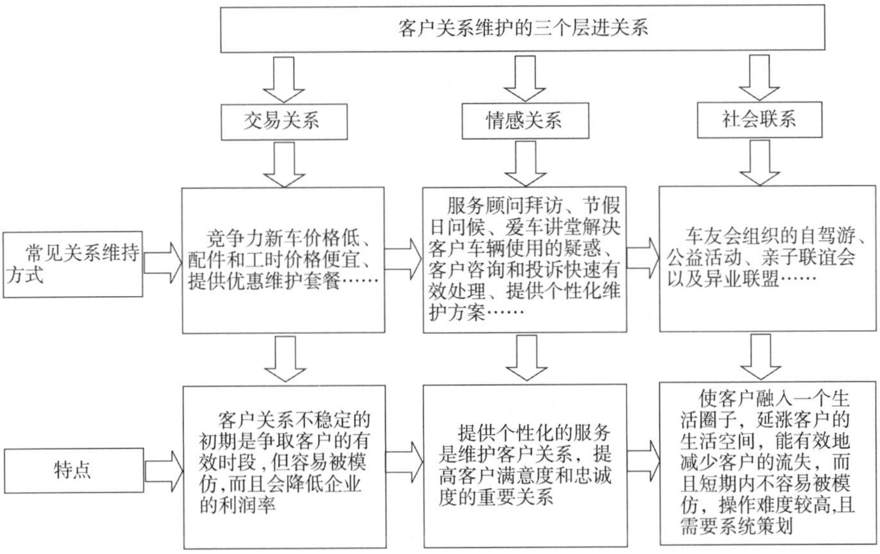

图10-1　客户关系维护的三个层进关系

（三）维系客户关系的方法

1. 感谢信

应该什么时间发出第一封感谢信，各个汽车公司、4S店的做法都不一样。一般来说，感谢信应该在24h之内，最好是客户提车的当天。因为在同一个城市，客户开车还没到家呢，卡片就到家了，会让客户认为这家公司服务真不错、很及时。

2. 回访电话

在什么时间向客户打出第一个回访电话？这很有讲究，通常应在24h之内。因为客户提车以后，往往不看说明书，遇到不知道的功能总喜欢乱摸，这就容易出问题。若汽车销售顾问能赶在24h之内拨打客户的电话，也许正好是雪中送炭。

第一个电话打完以后，还要不要打？其实还应继续拨打电话。第二次电话应在一个星期之内打，且最好是由销售主管或公司经理拨打。拨打这个电话的目的是询问客户的满意度，是否有什么不如意的地方，并切实表达对客户用车过程的关注。显然，接到这样的电话，客户心里一定非常高兴，感觉很受重视，对将来的售后服务也更有信心。

（四）售后跟踪服务的内容和要求

售后跟踪服务，是汽车4S店销售服务中的重要组成部分。做好售后跟踪服务，不仅关系到企业的信誉,更关系到客户对企业的满意度。

1. 具体内容

(1)整理客户资料,建立客户档案。关于客户来公司咨询、商洽有关汽车销售服务,在办完有关成交手续或商谈完后,业务部应于两日内将客户有关情况整理、制表并建立档案,装入档案袋。

(2)根据客户档案资料,研究客户的需求。汽车销售顾问根据客户档案资料,研究客户对汽车维修及其相关方面的服务的需求,找出“下一次”服务的内容。

(3)与客户进行电话、信函联系,开展跟踪服务业务人员通过电话联系,让客户得到以下服务:

①询问客户用车情况和对本公司服务有何意见,有无新的服务需求。

②告知相关的汽车运用知识和注意事项。

③介绍本公司近期为客户提供的各种服务,特别是新的服务内容。

④介绍本公司近期为客户安排的各类优惠联谊活动。

⑤咨询服务。

2. 礼仪要求

为提高客户满意度,最大限度地创造企业忠实客户,汽车销售企业往往对已成交后的客户跟踪服务高度重视。为保障售后服务跟踪的质量、加强对服务人员的约束,企业往往都有内部制定的跟踪服务流程,如图 10-2 所示。

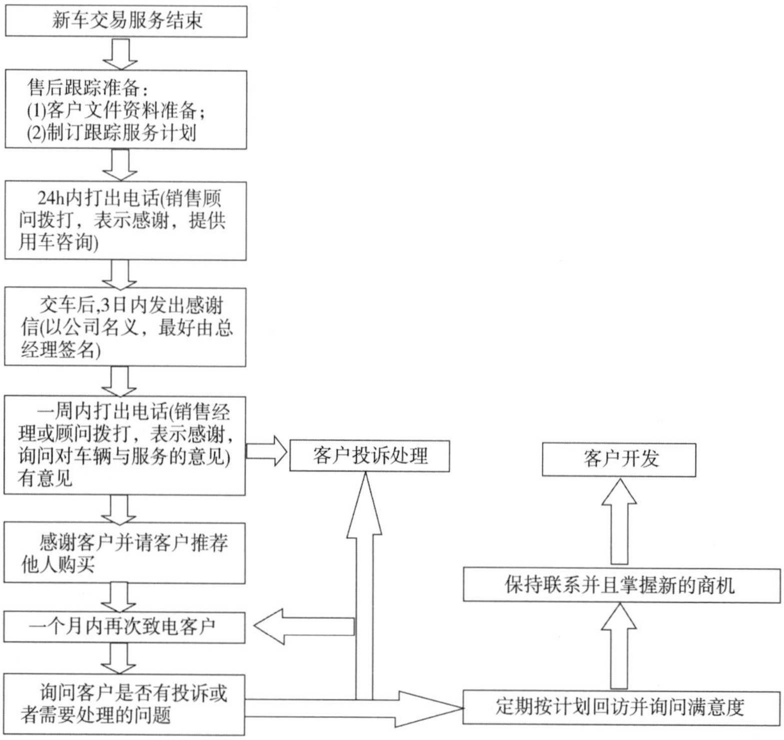

图 10-2　已成交客户售后跟踪服务流程

(五)已成交客户的售后回访范例

1. 首次回访

(1)回访人员:汽车销售顾问。

(2)回访时间:购车当天或第二天。(一般上午交车,下午回访;下午交车,次日早晨回访。)

注意:如果在工作日回访,应避免在上班时间的前后半小时内及下班前 10min,以免给客户带来不便。(一般 19:00—20:00 最佳。)

(3)回访内容:

①以问候为主。

②询问客户用车情况,是否仍存在使用方面的问题。

③告知客户随后会有客户服务部门同事的电话回访。

话术示范:

汽车销售顾问:您好! ××女士/先生! 我是(今天/昨天)刚为您提供交车服务的汽车销售顾问小刘,请问您现在接电话方便吗?

客户:方便。

汽车销售顾问:您驾车回去的路上都挺顺利的吧? 感觉车辆操控起来还习惯吗? 在使用方面有没有不清楚的或是想要进一步了解的地方呢? 如果现在没有的话也没关系,请您记住我的联系电话和我们公司的电话,今后有什么疑问可以随时打电话过来,我们将竭诚为您服务。对了,稍后我们公司客户服务部门会对您进行一个简短的电话回访,确认您购车和用车的相关事宜。如果有打扰到您,还请见谅。最后,祝您用车愉快,非常感谢您对我工作的支持!

客户:现在正在忙,不方便。

汽车销售顾问:不好意思,打扰您了。您看您大概什么时间方便,到时候我再打给您……

2. 三天的回访

(1)回访人员:客户服务部门回访专员。

(2)回访时间:交车之后的第三天。

(3)回访内容:本次回访主要进行客户满意度调查。

①询问客户对公司、对销售顾问的服务是否满意。

②记录客户抱怨或投诉的内容,并负责监督投诉处理情况,最后将处理措施告知客户,询问是否满意。

③告知售后服务的联系方式,并提醒客户预约。

④提醒客户稍后汽车品牌公司的回访计划。

3. 一周内的回访

(1)回访人员:销售顾问。

(2)回访时间:交车后一周内。

(3)回访内容:

①了解客户车辆使用情况。

②提醒客户车辆的一些特殊功能。

③对交车之后的后续用车事项表示关怀。

话术示范：

汽车销售顾问：××先生/女士，您好！不好意思，打扰您了，我是您的汽车销售顾问小刘，您现在接电话方便吗？

汽车销售顾问：您的爱车已经使用一周了，您对车况还满意吗？对于车辆的各项使用功能在操作上还有疑问吗？××(特殊功能)用得习惯吗？如果没有问题，请允许我向您做出下列提醒：您的爱车在走合期内请尽可能避免载荷过重、转速和车速过高行驶，一般车速应控制在80km/h以内。您在购车后3个月或行驶里程达到5000km左右(不同品牌要求不同)后来店做免费首保，到时候您记得提前打电话跟服务顾问预约，这样可以节约您的宝贵时间。再次感谢您对我工作的支持，今后若您对车辆有任何疑问或者有任何宝贵意见及建议，都可以及时跟我们联系。谢谢您！再见！

4. 一个月的回访

(1)回访人员：销售顾问或销售经理。

(2)回访时间：交车后一个月左右。

(3)回访内容：车辆使用情况、行驶里程询问及前几次回访的感谢。

话术示范：

汽车销售顾问：××先生/女士，您好！不好意思，打扰您了！我是您的服务顾问××(或××汽车4S店的回访专员××)，请问您接电话方便吗？

汽车销售顾问：非常感谢您选择在我店购买××车辆！请问，您这段时间车辆使用得还顺利吗？有哪些地方您觉得我们需要改进的吗？不知道您现在车辆行驶了多少里程了呢？请您记得在行驶里程达到5000km左右(不同品牌不同)的时候来店里为您的爱车做免费首保哦！

5. 三个月的回访

(1)回访人员：服务顾问或客户服务回访专员。

(2)回访时间：交车后三个月左右。

(3)回访内容：首保提醒与预约为主。

话术示范：

汽车销售顾问：××先生/女士，您好！不好意思，打扰您了！我是您的购车销售顾问××(或××汽车4S店销售主管××)，请问您接电话方便吗？

汽车销售顾问：××先生，您的爱车已使用三个月左右了，已经完成了走合期的磨合，不知道您的首保是否已经完成。如果没有的话，我现在可以帮您做一个首保的预约，这样不仅可以为您节约宝贵的时间，也可以让您得到更周到的服务！

6. 不定期的回访

(1)回访人员：客户服务部门人员。

(2)回访时间：一年左右及客户生日、会员日、节假日、公司搞活动前的不定期回访。

(3)回访内容：一年左右时——主要是续保提醒；客户生日、节假日——对客户表示问候与关怀；会员日、公司活动日——告知客户活动的具体内容，邀约客户来店参加活动等。

话术示范：

客服部回访人员：××先生/女士，您好！不好意思，打扰您了！我是××4S 店的客服专员××，请问您现在接电话方便吗？

客服部回访人员：是这样的，我们公司将在 4 月 20 日搞一次大型的回请老客户活动，届时您到店后就可以享受免费空调检查、维护的项目，另外还为会员设置了“爱车知识讲座”，您看您到时候方便的话，欢迎来店参加活动！

二、未成交客户关系维系

学习情境：一汽大众品牌 4S 店汽车销售顾问小刘接待黄女士到店里购车，黄女士看中了一辆高尔夫 7 的 GTI 小车。但是因为价格没有任何优惠，黄女士没有购买。

对于未成交的客户，销售顾问也不应该轻易放弃，而要采取主动出击的方式，如电话联系等方式，接近客户并进行深入的接触，以获得更广泛的客户资源，扩大汽车销量。

随着现代通信科技的发展，运用电话进行交流，是高效、经济、简便的沟通方式，自然也成为销售顾问开发客户资源的有效方法，如图 10-3 所示。

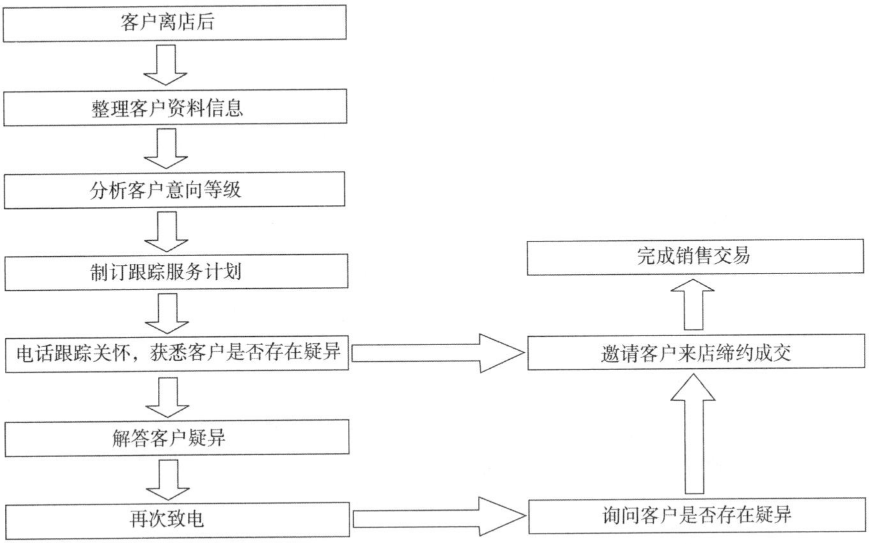

图 10-3　未成交客户售后跟踪服务流程

1. 准备工作

1）心理准备

在你拨打每一个电话之前，都必须有这样一种认识，那就是你所拨打的这个电话很可能就是你这一生的转折点或者是你现状的转折点。有了这种想法之后你才可能对你所拨打的每一个电话有一个认真、负责和坚持的态度，才能使你有一种必定成功的积极动力。

2）电话内容准备

在拨打电话前，要先把你所要表达的内容准备好，最好是先列出几条，以免对方接电话后，自己由于紧张或者兴奋忘了自己的讲话内容。另外，和电话另一端的客户沟通时要表达清楚每一句话的意思，该说什么、如何说都应有所准备，提前演练到最佳。

2. 电话礼仪

1）通话时礼仪

电话接通后，汽车销售顾问要先问好，并自报家门，确认对方的身份后，再谈正事。例如，“您好，我是××汽车4S店，请问××老板（经理）在吗？ ××老板（经理），您好，我是××汽车4S店的××，关于……”

电话沟通时注意以下事项：

（1）注意语气变化，态度真诚。

（2）言语要富有条理性，不可语无伦次前后反复，让对方产生反感或啰唆之感。

2）挂断前的礼仪

挂断电话之前，业务人员一定要记住向客户致谢：“感谢您用这么长时间听我介绍，希望能给您带来帮助，谢谢，再见。”另外，一定要客户先挂断电话，以示对客户的尊重。

3）挂断后的礼仪

挂断客户的电话后，有许多业务人员会立即从嘴里跳出几个对客户不雅的词汇来放松自己的压力，其实，这是最要不得的一个坏习惯。作为一名专业的电话营销人员，这是绝对不允许的。

3. 未成交客户的回访范例

由于汽车商品属于昂贵产品，加上目前汽车市场同级别可供选择的产品类别、品牌较多，因此在汽车销售过程中，一次成交的客户为数不多。对于接触之后未成交的客户，销售顾问的工作重点是通过回访了解客户的相关信息，提供解决客户问题的方案，推荐其他适合的服务、邀约客户再次来店洽谈。

下面列出几种常用的回访范例。

1）利益吸引法

话术示范：

汽车销售顾问：××先生，您好！我是上次您来我们汽车4S店接待您的汽车销售顾问××。本周末公司会举办促销活动，优惠力度很大，想邀请您过来参加。不知道您是否方便？

客户：不好意思，我没时间。

汽车销售顾问：这次的优惠活动力度很大，而且刚好是针对您上次来看的那款车型。您到店后还会收到公司赠送的超值神秘礼品哦！

2）交易条件确认法

话术示范：

汽车销售顾问：××先生，您好！我是上次您来××汽车4S店接待您的汽车销售顾问××。上次您来店里看车，不知道您现在考虑得怎么样了？

客户：还在考虑中。

汽车销售顾问：上次您看完车后，我把您的情况跟销售主管汇报了一下，销售主管非常重视您这位客户，特邀请您来店里进一步讨论购车细节。相信到时您一定会有意外的惊喜，因为很多事情销售主管才有权决定。

3）试乘试驾邀约法

话术示范：

汽车销售顾问：××先生，您好！我是上次您来××汽车4S店接待您的汽车销售顾问××。不知道您上次看车之后是否决定了？

客户：还在考虑中。

汽车销售顾问：您真的是一位非常理性的客户。确实，买车是件大事，一定要仔细对比考虑才能选到真正适合自己的爱车。正好这周末我们公司搞试乘试驾活动，想邀请您亲自过来体验一下。毕竟像您这样比较关注车辆的动力性、舒适性的客户，亲自试乘试驾过才能感受出来这些性能，您说对吧？

技能实训

每3～4个人为一组进行售后维系训练，一人作为销售顾问，其余的人扮演客户；然后互换角色进行训练。

表10-1为技能实训评分表。

技能实训评分表　　表10-1

对　　象	考核项目	分值	评估要点与评分	得分
已成交客户	首次回访	15	问候5分、询问客户用车情况5分、告知客户会有客户服务部门电话回访5分	
	三天的回访	15	询问对公司、对销售顾问是否满意4分、记录客户抱怨或投诉的内容且处理4分、告知售后服务的联系方式4分、提醒客户汽车品牌公司的回访计划3分	
	一周内的回访	15	了解客户车辆使用情况5分、提醒客户车辆的一些特殊功能5分、对交车之后的后续用车事项表示关怀5分	
	一个月的回访	15	车辆使用情况、行驶里程询问10分、对之前几次回访的感谢5分	
	三个月的回访	5	首保提醒与预约5分	
	不定期的回访	15	对车主续保提醒5分、客户生日、节假日问候与关怀5分、会员日、公司活动日邀约客户来店参加活动5分	
未成交客户	电话沟通礼仪	20	语气变化，态度真诚8分、挂断前的礼仪6分、挂断后的礼仪6分	
总分合计		100		

模块小结

（1）对成交客户关系的维系，通过感谢信，回访电话来实现，同时根据情况按公司的回访要求和流程操作。

（2）对未成交客户关系的维系，心理准备，电话内容准备，电话礼仪的准备都很重要。

思考与练习

(一)填空题

1. 购车后第一个月要进行跟踪回访,随后每__________月进行一次售后跟踪联络。
2. 在客户回访后,销售顾问要对__________补充完整、登录、存档。

(二)单项选择题

1. 客户购车后,要在交车(　　)内回访客户。
   A. 2 天　　B. 3 天　　C. 5 天　　D. 一周
2. 以下属于客户跟踪方法的有(　　)。
   A. 电话跟踪　　B. DM/电子邮件　　C. 亲自拜访　　D. 以上皆是
3. 在新车交付后,销售顾问在(　　)内要将客户资料补充完整并登录存档。
   A. 2 天　　B. 3 天　　C. 5 天　　D. 一周
4. 售后跟踪的最主要的目标是(　　)。
   A. 传达对客户的照顾
   B. 提高客户满意度
   C. 开拓客户来源,让客户后续购车
   D. 建档归类传给服务部门
5. 下列关于售后跟踪说法错误的有(　　)。
   A. 销售顾问交接工作时,要注意客户信息完整
   B. 交车后一周之内和客户电话联系
   C. 通知客户免费的车检、首保
   D. 感谢客户购车

(三)简答题

1. 在跟踪回访流程中,销售顾问应如何实现成交客户维系?
2. 在跟踪回访流程中,销售顾问应如何实现未成交客户维系?

模块十一　汽车营销延伸服务

学习目标

1. 能够描述汽车保险的含义、分类、常见汽车保险投保渠道；
2. 能够描述常用汽车保险的险种；根据险种的保险责任为客户制订投保方案；
3. 能够描述汽车消费信贷的基本规定内容；
4. 能够叙述汽车4S店消费信贷业务的流程，贷款需要准备的证件资料；
5. 能够结合客户实际情况制订合理的信贷方案，计算出首付款、月供、利息；
6. 能够叙述汽车精品的类型，常用的汽车精品功用、特点；
7. 能够叙述汽车4S店二手车置换的好处；
8. 能够运用二手车置换流程进行客户的二手车置换服务。

建议课时

6课时。

一、汽车保险推介

学习情境：汽车销售顾问小杨接待客户王女士，王女士为某高校教师刚拿到驾照，王女士已选购好车辆，销售顾问小杨对王女士进行保险方案推荐，协助王女士完成汽车保险的选购。

（一）汽车保险概述

1. 汽车保险的含义

机动车辆保险即"汽车保险"，是以机动车辆本身及其第三者责任等为保险标志的一种运输工具保险。其保险客户，主要是拥有各种机动交通工具的法人团体和个人；其保险标的，主要是各种类型的汽车，但也包括电车、电瓶车等专用车辆及摩托车等。

2. 常见汽车保险投保渠道

（1）专业保险代理人。

（2）柜台投保。

（3）电话投保。

（4）网上投保。

(5)保险经纪人。

(6)兼业保险代理人。

(二)汽车保险的分类

汽车保险主要分为交强险和商业险两大部分,具体分类如图11-1所示。

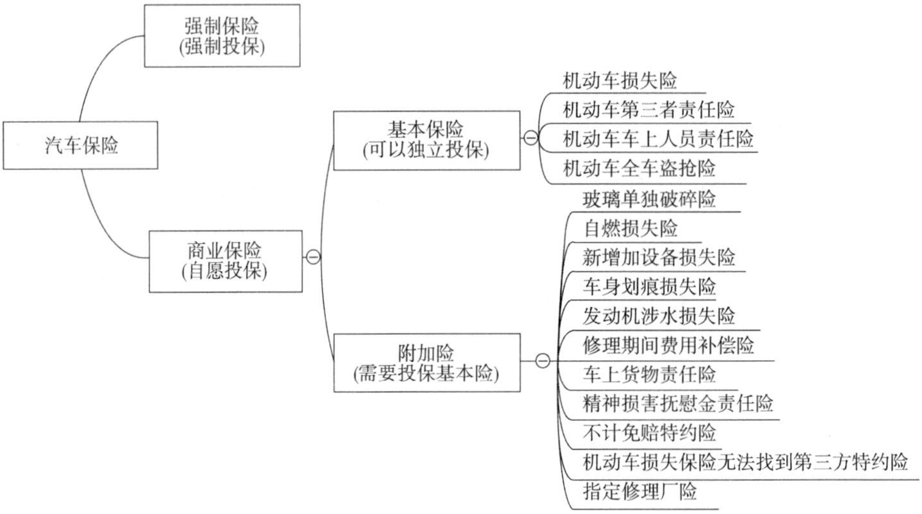

图11-1 汽车保险的分类

(三)常用汽车保险的险种及保险责任

1.机动车交通事故责任强制保险

机动车交通事故责任强制保险简称"交强险",是国家或地区基于公共政策考虑,为维护社会公众利益,以颁布法律或行政法规的形式来强制实施的汽车责任保险。《机动车交通事故责任强制保险条例》(以下简称《条例》)第三条规定:"本条例所称机动车交通事故责任强制保险,是指由保险公司对被保险机动车发生道路交通事故造成本车人员、被保险人以外的受害人的人身伤亡、财产损失,在责任限额内予以赔偿的强制性责任保险。"

2.机动车辆商业险——基本险

机动车辆商业险,是车主投保了国家规定必保的机动车交通事故责任强制保险,自愿投保商业保险公司的汽车保险。

1)机动车损失险

保险期间内,被保险人或其他允许的驾驶人在使用被保险机动车过程中,因下列原因造成被保险机动车的直接损失,且不属于免除保险人责任的范围,保险人依照保险合同的约定负责赔偿:

(1)碰撞、倾覆、坠落。

(2)火灾、爆炸。

(3)外界物体坠落、倒塌。

(4)雷击、暴风、暴雨、洪水、龙卷风、冰雹、台风、热带风暴。

(5)地陷、崖崩、滑坡、泥石流、雪崩、冰陷、暴雪、冰凌、沙尘暴。

(6)受到被保险机动车所载货物、车上人员意外撞击。

(7)载运被保险机动车的渡船遭受自然灾害(只限于驾驶人随船的情形)。

如图11-2所示,发生保险事故时,被保险人或其允许的驾驶人为防止或者减少被保险机动车的损失所支付的必要的、合理的施救费用,由保险人承担;施救费用数额在被保险机动车损失赔偿金额以外另行计算,最高不超过保险金额的数额。

2)机动车第三者责任险

保险期间内,被保险人或其允许的驾驶人在使用被保险机动车过程中发生意外事故,致使第三者遭受人身伤亡或财产直接损毁,依法应当对第三者承担的损害赔偿责任,且不属于免除保险人责任的范围,保险人依照本保险合同的约定,对于超过机动车交通事故责任强制保险各分项赔偿限额的部分负责赔偿,如图11-3所示。

图11-2　外界物体坠落造成车辆损失

图11-3　造成第三方(人或物)受到的损失

3)机动车车上人员责任险

保险期间内,被保险人或其允许的驾驶人在使用被保险机动车过程中发生意外事故,致使车上人员遭受人身伤亡,且不属于免除保险人责任的范围,依法应当对车上人员承担的损害赔偿责任,保险人依照本保险合同的约定负责赔偿。

4)机动车全车盗抢险

保险期间内,被保险机动车的下列损失和费用,且不属于免除保险人责任的范围,保险人依照本保险合同的约定负责赔偿:

(1)被保险机动车被盗窃、抢劫、抢夺,经出险当地县级以上公安刑侦部门立案证明,满60天未查明下落的全车损失。

(2)被保险机动车全车被盗窃、抢劫、抢夺后,受到损坏或车上零部件、附属设备丢失需要修复的合理费用。

(3)被保险机动车在被抢劫、抢夺过程中,受到损坏需要修复的合理费用,如图11-4所示。

3. 机动车辆商业险——主要附加险

1)玻璃单独破碎险

投保了机动车损失险的机动车,可投保本附加险。

保险期间内,被保险机动车风窗玻璃或车窗玻璃的单独破碎,保险人按实际损失金额赔偿。

2)自燃损失险

投保了机动车损失险的机动车,可投保本附加险。

保险期间内，指在没有外界火源的情况下，由于本车电器、线路、供油系统、供气系统等被保险机动车自身原因或所载货物自身原因起火燃烧造成本车的损失；发生保险事故时，被保险人为防止或者减少被保险机动车的损失所支付的必要的、合理的施救费用，由保险人承担；施救费用数额在被保险机动车损失赔偿金额以外另行计算，最高不超过本附加险保险金额的数额，如图 11-5 所示。

图 11-4 车辆被盗窃、抢劫、抢夺

图 11-5 车辆发生自燃

3）新增加设备损失险

投保了机动车损失险的机动车，可投保本附加险。

保险期间内，投保了本附加险的被保险机动车因发生机动车损失保险责任范围内的事故，造成车上新增加设备的直接损毁，保险人在保险单载明的本附加险的保险金额内，按照实际损失计算赔偿。

4）车身划痕损失险

投保了机动车损失险的机动车，可投保本附加险。

保险期间内，投保了本附加险的机动车在被保险人或其允许的驾驶人使用过程中，发生无明显碰撞痕迹的车身划痕损失，保险人按照保险合同约定负责赔偿。

5）发动机涉水损失险

本附加险仅适用于家庭自用汽车、党政机关及事业团体用车、企业非营业用车，且只有在投保了机动车损失险后，方可投保本附加险。

保险期间内，投保了本附加险的被保险机动车在使用过程中，因发动机进水后导致的发动机的直接损毁，保险人负责赔偿；发生保险事故时，被保险人为防止或者减少被保险机动车的损失所支付的必要的、合理的施救费用，由保险人承担；施救费用数额在被保险机动车损失赔偿金额以外另行计算，最高不超过保险金额的数额。

6）修理期间费用补偿险

只有在投保了机动车损失险的基础上方可投保本附加险，机动车损失险责任终止时，本保险责任同时终止。

保险期间内，投保了本条款的机动车在使用过程中，发生机动车损失险责任范围内的事故，造成车身损毁，致使被保险机动车停驶，保险人按保险合同约定，在保险金额内向被保险人补偿修理期间费用，作为代步车费用或弥补停驶损失。

7）车上货物责任险

投保了机动车第三者责任险的机动车，可投保本附加险。

保险期间内,发生意外事故致使被保险机动车所载货物遭受直接损毁,依法应由被保险人承担的损害赔偿责任,保险人负责赔偿。

8)精神损害抚慰金责任险

只有在投保了机动车第三者责任险或机动车车上人员责任险的基础上方可投保本附加险。在投保人仅投保机动车第三者责任险的基础上附加本附加险时,保险人只负责赔偿第三者的精神损害抚慰金;在投保人仅投保机动车车上人员责任险的基础上附加本附加险时,保险人只负责赔偿车上人员的精神损害抚慰金。

保险期间内,被保险人或其允许的驾驶人在使用被保险机动车的过程中,发生投保的主险约定的保险责任内的事故,造成第三者或车上人员的人身伤亡,受害人据此提出精神损害赔偿请求,保险人依据法院判决及保险合同约定,对应由被保险人或被保险机动车驾驶人支付的精神损害抚慰金,在扣除机动车交通事故责任强制保险应当支付的赔款后,在本保险赔偿限额内负责赔偿。

9)不计免赔特约险

投保了任一主险及其他设置了免赔率的附加险后,均可投保本附加险。

保险事故发生后,按照对应投保的险种约定的免赔率计算的、应当由被保险人自行承担的免赔金额部分,保险人负责赔偿。

10)机动车损失保险无法找到第三方特约险

投保了机动车损失险后,可投保本附加险。

投保了本附加险后,对于机动车损失险中列明的,被保险机动车损失应当由第三方负责赔偿,但因无法找到第三方而增加的由被保险人自行承担的免赔金额,保险人负责赔偿。

11)指定修理厂险

投保了机动车损失险的机动车,可投保本附加险。投保了本附加险后,机动车事故发生后,被保险人可指定修理厂进行修理。

(四)承保流程

1.建立意向

向客户宣传保险的优点及店内投保的优势,使客户有在店内投保的意向。

2.询问需求

了解客户的用车习惯及驾驶技术等状况。

3.设计保险方案

根据客户的需求,设计适合的承保方案。

4.车险条款介绍

介绍车险条款及投保方案的优缺点。

5.投保单的签署

讲解投保险种及费用,征得客户同意后,请客户先在《车辆保险建议书》上签字确认,再签署投保单。

6.收费出单

收取费用,打印保单;向客户讲解免赔条款及理赔注意事项;引见保险理赔人员。

(五)不同客户承保方案的设计

1. 最低保障方案

险种组合:交强险。

保障范围:只对第三者的损失负赔偿责任并且赔偿额度有限。

适用对象:急于上牌照或通过年检的个人。

客户特点:怀有侥幸心理,认为上保险没用;驾龄长,无事故。

优点:可以用来应付上牌照或验车。

缺点:一旦撞车或撞人,对方的损失能得到保险公司的一些赔偿,但是自己车的损失只有自己负担。

2. 次低保障方案

险种组合:第三者责任险+交强险。

保障范围:只对第三者的损失负责赔偿。

适用对象:对保费过于敏感的老驾驶人。

客户特点:认为上保险没用,驾龄长并无大事故的人。

优点:可以用来应付上牌照或验车。

缺点:一旦撞车或撞人,对方的损失能得到一些赔偿,但是自己的损失只有自己负担。

3. 基本保障方案

险种组合:车辆损失险+第三者责任险+交强险。

保障范围:只投保基本险,不含任何附加险。

适用对象:有一定经济压力的个人或单位。

客户特点:对保费敏感,喜欢"物美价廉"。

优点:必要性最高。

缺点:不是最佳组合,最好加入不计免赔特约险。

4. 经济保障方案

险种组合:车辆损失险+第三者责任险+不计免赔特约险+全车盗抢险+交强险。

适用对象:适合经济能力一般的个人或单位。

客户特点:懂保险、驾龄长的个人。

优点:投保最有价值的险种,性价比最高,且费用不高。

缺点:保障范围不完善。

5. 最佳保障方案

险种组合:车辆损失险+第三者责任险+玻璃单独破碎险+车上责任险+无法找到第三方特约险+不计免赔特约险+交强险。

客户特点:对保险比较了解。

适用对象:一般的公司或个人。

特点:使用经济,性价比较高。

6. 高级保障型

险种组合:交强险+第三者责任险+车辆损失险+车上人员责任险+全车盗抢险+车

身划痕险 + 玻璃单独破碎险 + 自燃损失险 + 发动机涉水损失险 + 无法找到第三方特约险 + 基本险不计免赔 + 附加险不计免赔。

特点：在上一方案基础上增加险种，使车辆得到较为全面的安全保障。

适用对象：驾龄短、对维修费用敏感的个人或公司/单位用车、高端车或者经济比较宽裕的车主。

优点：保障全面。

缺点：保费较高，个别险种出现概率较小。

（六）车辆投保所需资料

(1)购车发票。

(2)新车合格证。

(3)被保险人身份证（车主为个人）/组织机构代码证（车主为单位）。

(4)车船使用税完税证明。

二、汽车金融推介

学习情境：客户刘女士，40 岁左右，在某 4S 店看中一款新车作为上下班代步用，因手头积蓄不多，不够一次性交清全款。汽车销售顾问小张对刘女士进行汽车金融方案推荐，协助刘女士完成购车的贷款方案。

（一）汽车金融概述

1. 定义

广义的汽车金融是指在汽车的生产、流通、购买与消费环节中融通资金的金融活动。狭义的汽车金融通常是指汽车销售过程中对消费者或经销商所提供的融资及其他金融服务，包括对经销商的展厅建设和设备贷款、库存融资和对用户的消费信贷、融资租赁、保险等。

2. 我国汽车金融的特点

汽车金融起源于 20 世纪 20 年代的美国，当时的业务由汽车制造商向消费者提供汽车销售分期付款开始。我国的汽车金融服务业务起步较晚，呈现出如下几个特点。

1)汽车消费带动汽车金融发展

随着我国的国民收入增长，我国的汽车消费量能够呈现出逐年增长的发展态势。2018 年 1—4 月汽车总销量完成 950.1 万辆，同比增长 4.6%（公开资料整理），乘用车与客车的销量均有回暖，汽车市场温和复苏趋势较为明显。5 月 1 日起增值税由 17% 降低为 16%，7 月 1 日起汽车进口关税将由 25% 降为 15%，零部件关税降低至 6%，伴随着增值税与关税的降低，汽车销量将持续回暖。2017 年全年共产销 2901.54 万辆和 2887.89 万辆汽车，同比增长 3.19% 和 3.04%，到 2020 年，中国的汽车保有量将达到 3 亿辆左右（公开资料整理），如图 11-6 所示。

而如此大的汽车销量，为我国的汽车金融的快速发展奠定出极为良好的发展基础。

2)适应年轻人的消费特点

随着 80、90 年代的群体逐渐成为社会的生产、消费的中坚力量，这一代人与 60、70 年代的人相比，消费观念超前，对于信贷消费观念的接收程度更好。

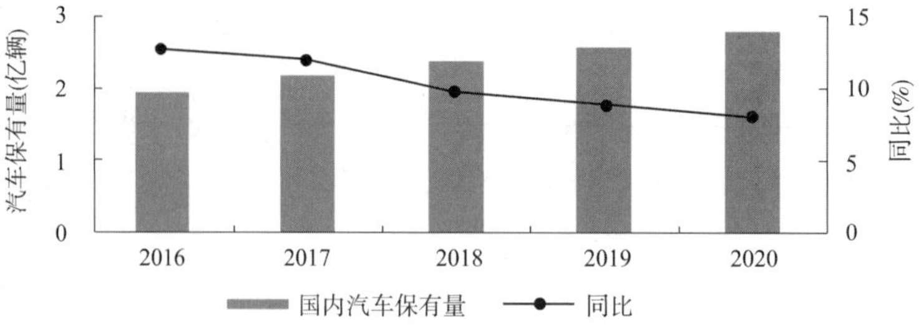

图 11-6　乘用车销量增速将逐步放缓

3)汽车金融企业性质的多样性

除去商业银行以外,汽车金融公司也是开展汽车金融的一个主要的部分,汽车金融公司主要是由大型的汽车集团投资建成的,因此汽车金融公司主要具有产业性、金融性和企业性这三个性质。

4)“水土不服”现象严重

在美国、欧洲、日本成熟的市场,汽车消费60%依赖于汽车金融服务,汽车经营销售的主要方式是融资租赁和贷款,这两个达到了70%。在我国,2015年只有大约17%的车辆是通过汽车消费贷款购买的(汽车行业产业链汽车金融服务分析报告),而融资租赁占比更低,应该说我国是刚刚起步的阶段,与发达国家差距很大。

(二)国内主要汽车金融公司

国内主要汽车金融公司见表11-1,从公司名称可以看出汽车品牌与金融公司的密切关系。厂家这样做的目的,很大程度上也是为了扩大销量,形成良性循环。

国内主要汽车金融公司　　表11-1

企　业	成立年份	股权属性
上汽通用汽车金融	2004	中外合资
大众汽车金融(中国)	2004	外商独资
丰田汽车金融(中国)	2005	外商独资
福特汽车金融(中国)	2005	外商独资
戴姆勒-克莱斯勒汽车金融(中国)	2005	外商独资
梅赛德斯-奔驰汽车金融有限公司	2005	外商独资
东风标致雪铁龙汽车金融	2006	中外合资
沃尔沃汽车金融(中国)有限公司	2006	外商独资
东风日产汽车金融有限公司	2007	中外合资
菲亚特汽车金融有限责任公司	2007	外商独资
奇瑞徽银汽车金融有限公司	2009	中资公司
宝马汽车金融(中国)有限公司	2010	中外合资
广汽汇理汽车金融有限公司	2010	中外合资
一汽汽车金融有限公司	2012	中资公司
北京现代汽车金融有限公司	2012	中外合资
吉利汽车金融	2014	中外合资
比亚迪汽车金融	2014	中资企业

（三）我国的汽车消费信贷形式

1. 担保贷款

汽车消费贷款中最常用的担保方式有质押贷款、抵押贷款、按揭贷款、第三方保证贷款4种形式。

2. 分期付款

汽车分期付款是购车借款人在支付了一定比例的首付款后，现多为汽车金融公司为其垫付余款，借款人按月分期偿还所垫付余款的本金和利息。分期付款在信贷契约中的3个重要内容：首期支付款、契约期限、利息与费用。分期偿还汽车消费贷款的期限通常在2～5年。

3. 汽车贷款途径

目前申请贷款的途径有通过汽车金融公司贷款、银行贷款、担保公司贷款、信用卡分期付款。通过汽车金融公司贷款，手续简便直接在汽车4S店即可办理，审批速度快，审核门槛相对低，利率较高。通过担保公司贷款费用较高，手续复杂。信用卡分期付款一般利息较低。

（四）汽车消费信贷的基本规定

1. 贷款对象

借款人必须是贷款行所在地常住户口居民、具有完全民事行为能力。

2. 申请条件

购车者必须年满18周岁，并且是具有完全民事行为能力的中国公民；购车者必须有一份稳定的职业和比较稳定的经济收入或拥有易于变现的资产，这样才能按期偿还贷款本息。向银行提供银行认可的担保，购车者无刑事不良记录及贷款资信不良记录，社会信用良好。

3. 首付要求

贷款车辆首付要求一般在30%以上，公务员、教师等事业单位具有长期稳定收入的优质客户可首付20%以上（即贷款额度/贷款金额最高一般不超过所购汽车售价的80%）。

4. 申请资料

汽车消费信贷申请表；车主身份证明/配偶身份证明；收入证明（需盖公章）/夫妻双方；近6个月的银行对账单或存款明细；房产证或其他房产证明；婚姻关系证明。

（五）汽车4S店金融信贷业务

1. 流程

汽车消费信贷的办理流程要经过客户申请、审核、签订合同、发放贷款等步骤，具体如下。

1）客户申请

客户向金融机构提交书面申请，同时提交相关资料。

2）审核

金融机构对借款人提交的申请资料进行审核，电话回访，必要时进行家访。

3)签订合同

审核通过后,双方签订借款合同、担保合同及相关抵押合同。(以新车所有权作为抵押)

4)发放贷款

金融机构审批同意发放的贷款,手续办理完毕后,金融机构按照合同约定以转账的形式直接将款项划入汽车经销商的账户。

5)按期还款

借款人按借款合同约定的还款计划、还款方式偿还贷款本息。

6)贷款结清

包括正常结清和提前结清两种。

7)贷款结清后

借款人持有效身份证件和银行出具的贷款结清凭证领回抵押物品,并持贷款结清凭证到原抵押登记部门办理抵押登记注销手续。

2. 申请时要提交的资料

(1)汽车消费信贷申请表。

(2)申请人身份证明(已婚还需提供配偶身份证明)。

(3)收入证明(需盖公章)。

(4)近6个月的银行对账单或存款明细(需盖章)。

(5)房产证或其他房产证明。

(6)婚姻证明。

(7)用于扣款的银行卡资料。

(六)汽车金融信贷款项计算方式

1. 计算方式

汽车消费信贷主要涉及的款项有首付款、月供(每月还款额)、贷款金额、利息等,计算方式见表11-2。

汽车消费信贷款项计算方式表　　表11-2

名　　称	计算方式	备　　注
首付款	车全款×首付比例	首付比例一般30%起
贷款金额	车全款－首付款	贷款金额需为“千元”的整数倍,实行“多付少贷”
月供	贷款金额(万)×万元速算系数	不同金融公司政策不同
利息	月供×月数－贷款金额	计算出来为利息

2. 金融方案推荐

1)金融产品

金融公司零售金融产品有三大类:基本产品、促销产品、特殊产品。

基本产品:平衡信贷、百龙信贷、标准信贷、弹性信贷、尊享平衡贷、玲珑轻松贷等。

促销产品:免息产品、低息产品。

特殊产品:二手车融资、忠诚客户、回购等。

常用的产品有平衡信贷和免息产品。

(1)平衡信贷。

属于传统的贷款方案,即首付加每月固定还款额,简单易操作。消费者可按照贷款合同规定支付首付车款(20%起),贷款期限最长达5年;消费者按照贷款合同规定在贷款期限(12～60个月)内支付等额月供。

①产品特征。

首付款金额:最低20%。

贷款期限:12/24/36/48/60个月。

②产品特点。

最低20%首付,最长期限5年;首期无其他费用,利息分摊每月支付;可以提前还款降低贷款成本,如图11-7所示。

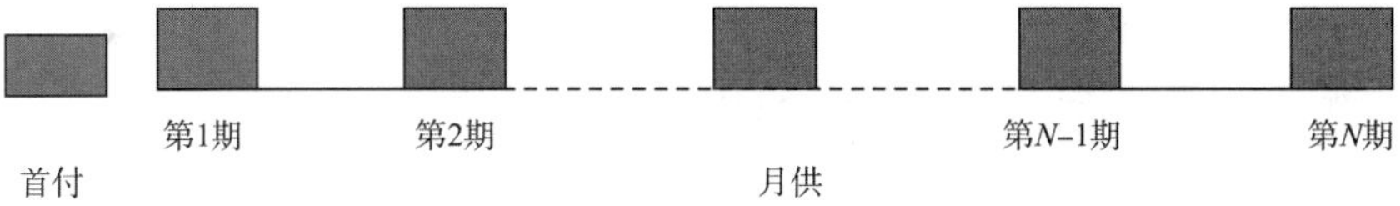

图11-7　平衡信贷产品图

③平衡信贷计算。

$$月还款额 = 贷款金额(万) \times 万元速算系数$$

某金融公司万元速算系数如图11-8所示。

	贷款期限(月)	速算数
贷款金额以1万元为单位	12	893.13
	24	475.37
	36	336.89
	48	271.21
	60	233.67

图11-8　某金融公司万元速算系数

【例11-1】　车价9.47万元,首付30%,贷款期限4年,计算首付、月还款额、总利息。

计算演示:

首付:94700×30% = 28410(元)(因贷款金额需为“千元”的整数倍,所以首付为28410+590=29000元)

贷款金额:94700×70% =66290(元)(因贷款金额需为“千元”的整数倍,所以贷款金额为66000元)

月还款额:6.6(万元)×271.21 =1789.9(元)

总利息:1789.9×48 -66000 =19915.2(元)

(2)免息产品。

①产品特征。

首付款金额:20% +手续费。

贷款期限:12/24个月。

②产品特点。

首付低,没有利息,手续费一次性支付;贷款成本低,月还款计算简单,如图11-9所示。

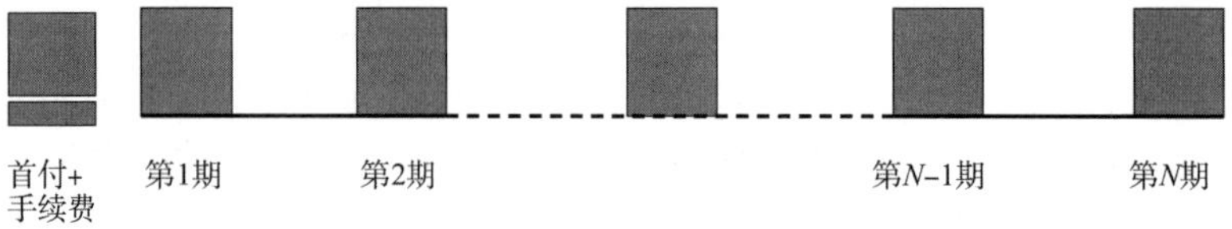

图 11-9　免息产品图

③免息产品计算。

月还款额 = 贷款金额 ÷ 贷款月数

手续费各金融公司收取标准不一致,大概金额为 5000 ~ 7000 元。

【例 11-2】　车价 20.47 万元,首付 40%,贷款期限 2 年,计算首付、手续费、月还款额。

计算演示:

首付:204700 × 40% = 81880(元)

手续费:5000 ~ 7000 元。

月还款额:204700 × (1 − 40%)/24 = 5117.5(元)

2)金融产品计算

【例 11-3】　已知贷款车辆新车全款为 8.8 万元,某金融公司政策见表 11-3,计算首付款、贷款金额、月供和利息。

某金融公司金融政策　　表 11-3

贷款期限	首付比例	客户利率	万元系数
1 年	35%起	0%(免息,手续费 5000 元)	0
2 年	40%起	0%(免息,手续费 5000 元)	0
3 年	30%起	4.81%	296

(1)方案一:首付 35%,1 年还清。

首付款 = 车全款 × 首付比例 = 88000 × 35% = 30800(元)

贷款金额 = 车全款 − 首付款 = 88000 − 30800 = 57200(元)

由于贷款金额必须是"千元"的整数倍,故实际首付金额为:30800 + 200 = 31000(元),实际贷款金额为:57200 − 200 = 57000(元)

月供:57000 ÷ 12 = 4750(元)

利息:0。

手续费:5000 元。

(2)方案二:首付 40%,2 年还清。

首付款 = 车全款 × 首付比例 = 88000 × 40% = 35200(元)

贷款金额 = 车全款 − 首付款 = 88000 − 35200 = 52800(元)

由于贷款金额必须是"千元"的整数倍,故实际首付金额为:35200 + 800 = 36000(元),实际贷款金额为:52800 − 800 = 52000(元)

月供:52000 ÷ 24 = 2166.67(元)

利息:0。

手续费:5000 元。

(3)方案三:首付 30%,3 年还清。

首付款 = 车全款 × 首付比例 = 88000 × 30% = 26400(元)

贷款金额 = 车全款 - 首付款 = 88000 - 26400 = 61600(元)

由于贷款金额必须是“千元”的整数倍,故实际首付金额为:26400 + 600 = 27000(元),实际贷款金额为:61600 - 600 = 61000(元)

月供 = 贷款金额(万) × 万元系数 = 6.1 × 296 = 1805.6(元)

利息 = 月供 × 月数 - 贷款金额 = 1805.6 × 36 - 61000 = 4001.6(元)

3)产品推荐

一般根据客户的财务计划、资金情况进行推荐,若首付资金充裕,月收入充足,尽量采用最长期限的无息贷款方式。若商务用,大量资金用于投资,投资收益率高于贷款利率,则可选用如上方案三 3 年期利率贷款,可减轻首付、月供资金压力。

三、汽车精品推介

(一)汽车精品概述

学习情境:汽车销售顾问小刘接待客户李女士,在车辆介绍时,对李女士进行汽车精品推介,协助李女士完成汽车精品的选购。

1. 定义

汽车精品即汽车装饰品,又称汽车用品,是指汽车在使用过程中延伸的系列产品,汽车精品能为驾驶者及乘坐者带来温馨、赏心、安心、放心的体验,一般以美化室内环境提高汽车乘坐舒适性、便捷性、安全性,降低疲劳驾驶为主。汽车精品不是汽车消费的必需品,它只是一个衍生品。

2. 汽车精品销售的重要性

1)满足客户需求

近几年,国内各大品牌的整车销售价虽打着降价的旗号,但实际是生产厂家为了迎合市场需求,将车辆原有的部分标准配置改为可选装配置,从而降低客户的购车成本,又可根据客户的不同需求进行精品销售和加装。

2)推动新车销售

随着我国汽车行业的迅猛发展,购车群体也发生着巨大的改变,不同的消费群体对汽车精品有着不同的需求,汽车精品可以弥补车辆功能不足、减少用车成本会让客户口口相传,可以增加转介绍率。

3)提高客户满意度

多数车主在选择汽车精品时会存在误区:一是用金钱衡量产品质量,认为价钱贵的就是好的,不考虑产品的适用性;二是注重品牌效应,盲目跟风。出现以上两种就需要专业的精品从业人员用“顾问式”销售的方式,为客户提供专业的服务并提出合理的建议,从而提高客户满意度。

3. 汽车精品的经营模式

(1)汽车 4S 店为主的销售模式。

(2)修理厂、洗车美容店为主的销售模式。

(3)网络销售模式。

(二)汽车精品的销售现状

1. 汽车4S店精品销售现状

1)完善的销售管理促成有效的加装销售

汽车4S店是新车精品销售的源头,当客户到汽车4S店选购新车时,销售人员通过与客户的接触、沟通,对客户的需求进行分析,并根据客户需求进行精品销售,把汽车精品加装到新车上,让客户先体验后再消费,这是汽车美容装饰店无法做到的。

2)服务专业、售后有保障

由于客户对汽车4S店存在较强信任感,很多客户愿意接受汽车4S店销售人员为其推荐的产品。客户在购买之前,主要考虑的是在汽车4S店购买相关产品能够享受到规范、可靠的售后服务。相关从业人员都经过厂家的严格培训,无论是安装技术还是精品销售方面都很专业;购买的精品在质量保证期内出问题可到店内进行更换,由此可让客户更加放心,最终让客户自主、自愿地选择在汽车4S店加装或购买精品。

2. 汽车美容装饰店精品销售现状

1)经营机制灵活

汽车美容装饰店的经营模式多为加盟连锁或自主创业,与4S店相比经营管理较为灵活,成本低廉,服务快捷。

2)品种齐全,满足客户需求

汽车美容装饰店迎合市场需求,不断更新产品,齐全的产品种类满足不同客户多样化需求。

3. 汽车精品的经营特点

1)小投入、高回报

汽车精品经营,一般不需要太大的投入,小规模投入即可。整车销售投入资金最少也要在500万元人民币左右,而汽车精品往往代销即可,基本可以实现零投入。因此,我们说是小投入、高回报。

2)低风险、快成效

与整车经营和传统维修相比,汽车精品的投资风险比较小。同时,汽车精品的经营,从启动到完成,整个周期所需时间较短,因此投资见较比较快。

3)快成长、大市场

据前瞻产业研究院数据显示,新车销售增速放缓,正在催生中国的汽车经济由销售型向服务型转型,汽车后市场消费将迎来高峰期。作为汽车后市场的三大板块之一,汽车精品市场也是目前发展最快、前景最好的行业之一。伴随着我国汽车工业的井喷式发展,汽车精品行业发展速度一日千里,因此,我们说汽车用品市场快成长,大市场。

(三)汽车精品的分类

我国汽车精品的分类目前国家没有明确的执行标准,现行的汽车精品分类方法是按行业标准、用途进行分类的。按用途大致可以分为汽车电子类、汽车装饰类、汽车改装类、汽车美容防护类、汽车养护类及其他用途的精品等,具体分类见表11-4。

汽车精品的分类　　表 11-4

电子类	影音产品	GPS 导航	DVD 导航、PND(便携式)导航、后视镜导航
		音响	喇叭、多媒体播放器、CD
		影音娱乐	头枕屏、后排娱乐显示屏、DVD
		倒车系统	摄像头、倒车影像、倒车雷达、360°全景泊车
	安防产品	GPS 防盗	一键启动、智能钥匙
		行车安全	夜视仪、防撞仪、胎压监测、行车记录仪、日行灯
	车用灯具	氙灯	H1、H3、H4、H7、HB3、HB4
		灯总成	前照灯总成
装饰类	汽车内饰	座椅	真皮座椅、棉布座套、四季垫、毛垫、凉垫
		脚垫	大包围脚垫、乳胶脚垫、丝绒脚垫、地胶、行李舱垫
		装饰品	桃木装饰、遮阳板、安全带套、转向盘套、换挡杆套
		小精品	香水、挂件、防滑垫、竹炭包
	汽车外饰	防护类	汽车发动机下护板、踏板、尾翼
		装饰类	车身彩绘、车身改色、车衣、雨挡、车窗饰条
改装类	部件改装	外观	车标、大包围、高尾翼、轮毂轮胎、灯具、中网
		内饰	密封隔音、运动座椅、仪表台板翻新、运动座椅、氛围灯
	性能改装	排气系统	排气管、消声器
		进气系统	空气滤清器
		制动系统	制动盘、多活塞制动钳、制动倍力器
		动力系统	改变空燃比、换高性能火花塞
美容防护类	汽车美容	车身外部	车身清洗、漆面防护釉、漆面抛光、轮毂轮胎护理、漆面防护膜
		汽车内部	内饰清洁护理、异味去除
		发动机外部	发动机外部清洁护理
		底盘	底盘装甲
		玻璃膜	防爆太阳膜
养护类	汽车养护	燃油系统	进气燃油清洗剂、高效发动机积炭去除剂
		润滑系统	发动机润滑系统清洗剂
		冷却系统	散热器清洁剂、无水冷却液
		转向系统	助力转向系统清洁剂、助力转向系统保护剂
		制动系统	制动盘清洗剂、制动盘耐高温保护剂
		发动机电路	发动机线路保护剂、蓄电池桩头保护剂
		空调系统	空调系统清洗剂、空调系统杀菌除臭剂
		车身润滑	线路及橡塑保护剂
其他精品	日常百货	箱包皮具	皮包、钱夹、拉杆箱、皮带
		车载家电	车载冰箱、车载吸尘器、车载空气净化器、车载氧吧、车载打气泵
		服装鞋帽	衣裤、领带、帽子、鞋子
	户外自驾	探险旅游	帐篷、背包、睡垫、刀具工具、通信设备、雨伞
		户外运动	自行车、钓鱼工具、滑雪工具、户外家具

(四)常用的汽车精品

1. 防爆太阳膜

汽车用防爆太阳膜自面世以来,经历了四个阶段:染色膜、金属膜、复合金属膜、非金属膜。其主要作用是:

(1)安全。夏季气温高阳光刺眼,防爆太阳膜可以有效过滤强光,避免强光直射眼睛,从而提高驾驶安全性。

(2)健康。紫外线长期照射在人的皮肤上会造成伤害,防爆太阳膜可有效阻隔太阳光中紫外线成分。

(3)防爆。发生意外事故导致玻璃破碎,防爆太阳膜将玻璃碎片紧紧粘住,防止飞溅造成伤害。

(4)隔热、节能。能有效阻隔太阳光的热量,避免车内温度升高过快,可有效降低空调的负荷,从而达到节约能耗的作用。

(5)私密性。太阳膜具有良好的单向透视性,可保护车内乘客的隐私。

2. 真皮座椅

真皮座椅的优点:容易清洁,相对于绒面座椅来说,灰尘只能依附于真皮座椅表面,而不会深入到座椅深层,座椅表面有污物只需用湿毛巾擦拭表面就可完成清洁工作。易于散热,虽然真皮也会吸热,但是它散热性能更快,夏季正午时汽车停放在阳光下,车内座椅会发烫,真皮座椅只要用手拍拍座椅就能起到散热作用,而绒面座椅相对来说散热效果较真皮座椅略差。

3. 地胶/大包围脚垫

地胶又称塑胶地板,是一种铺设在原车绒毯上,防水、易擦洗,并起保护作用的物品。大包围脚垫也是一种铺设在原车绒毯上的物品,其覆盖面积大,四周包围高。车辆铺设地胶或大包围脚垫,能起到防尘、防水、易清洁、防磨损和美观的功用。地胶/大包围脚垫价格依材质而定,车辆一般有与车型匹配的专用地胶/大包围脚垫。

4. 座套/坐垫

汽车座套/坐垫是加装在汽车座椅上的套子/垫子,在汽车上加装座套/坐垫,既保护了座椅,又实用美观。两者的区别在于汽车座套的包裹性及对座椅的保护性要更强。汽车座套与坐垫按照做工工艺、季节和材质的不同有不同的划分,价格从几百元到上千元不等。

5. 电子狗和行车记录仪

电子狗又称驾驶安全预警仪,是一种车载装置,主要是利用 GPS 卫星定位及雷达信号检索,提前提醒驾驶者电子眼或测速雷达等测速设备的存在,防止因超速等违规而被罚款和扣分。

行车记录仪是记录汽车在行驶途中的影像及声音等资讯的电子设备。它是汽车的“黑匣子”,能记录下行驶及泊车状态下的车辆周围影像及声音,为交通事故处理及保险理赔提供证据。

6. 发动机护板

发动机护板是根据各种不同车型定身设计的发动机防护装置,采用高强度钢材,抵抗不良路面和石块强烈撞击,有效地保护发动机和变速器,有效地保护发动机舱内的清洁程度,和底盘完美结合保证底盘的平整性,减少风阻系数,它具有导流防尘、防水防尘、防撞击的功用。

7. 底盘装甲

汽车底盘防锈就是所谓的"底盘装甲",指的是在底盘上喷涂特殊的橡胶材料具有防锈、防腐蚀、防噪声、防撞击的功能。底盘为裸露钢铁,底盘装甲附着在底盘表面起到防腐蚀、防锈功能;吸附在底盘上密封底盘,起到隔热效果降低车内空调负荷;底盘装甲类似于沥青物质,有一定弹性,小石块飞溅到底盘上起到降低路噪和风噪的效果,路况不良时可抵挡轻微的底盘剐蹭。

8. 氙气灯

氙气灯的优点:亮度高,使用同样功率的氙气灯,氙气灯的亮度是普通卤素灯亮度的 2～3倍,氙气灯集光高度高,射程远而宽,可以大大提高夜间行车安全。防水性强,卤素灯的防水性相对而言较弱,卤素灯丝会因进水而烧毁,而氙气灯的防水性较高,能够有效防止水对灯丝的损害,下雨天行车氙气灯游刃有余,不容易遭到雨水的破坏,有利于雨天安全行车。寿命长,钨丝灯泡有 90% 的电能装换为热能,温度高达 650℃,可能会损坏周围塑胶灯具,从而增加用车成本,由于氙气灯没有钨丝,氙气灯的温度只有 450℃这就大大降低了塑胶灯具的损耗,使用寿命可达 2000～3000h。省电节能,氙气灯是采用高压电流激活氙气而形成一束电弧光,两电极之间持续放电发光,普通车灯泡的发光功率达 65W,而氙气灯仅需 35W,降低近 1 倍。安装方便,只需把氙气灯头插入原有灯孔,固定高压包,接上电源即可,不用改动原有电气设备。安全,发生事故时,高压包内的感知电路能立刻把高压电切断,以保护人员安全。颜色丰富,黄、紫、白、白/蓝、蓝,可选择性较广。

(五)汽车精品推介技巧

1. 销售时机

新车客户是精品主要消费群体,65% 的消费发生在新车购买时。汽车精品的销售以新车销售流程为主线,全程以精品知识、销售技巧为基础。重点在新车销售的四个环节展开,分别是产品介绍、试乘试驾、报价成交、交车四个时点向客户介绍汽车精品,见表 11-5。

汽车精品介绍时机　　表 11-5

介绍时机	销售人员行为建议	适合精品类别
产品介绍时	充分利用展车上的精品,展示精品的功能性及装饰性,弥补车辆产品功能的不足、品牌文化延伸、增加安全性等	防护类、装饰类、电子类精品
试乘试驾时	此过程中适时运用车上精品,充分展示精品的功能给驾驶带来的安全性、舒适性、趣味性	电子类、安全类精品
车辆成交时	针对客户特点,利用展区精品、展车上安装的精品以及精品塑料夹页等向客户介绍	所有类别精品
交车时	再次借助可用资源向客户介绍、展示精品功能及能给客户带去的便利	所有类别精品

2. 精品销售流程

1）现场销售模式

客户决定购车，且汽车4S店可以立即交货时采用此模式，如图11-10所示。

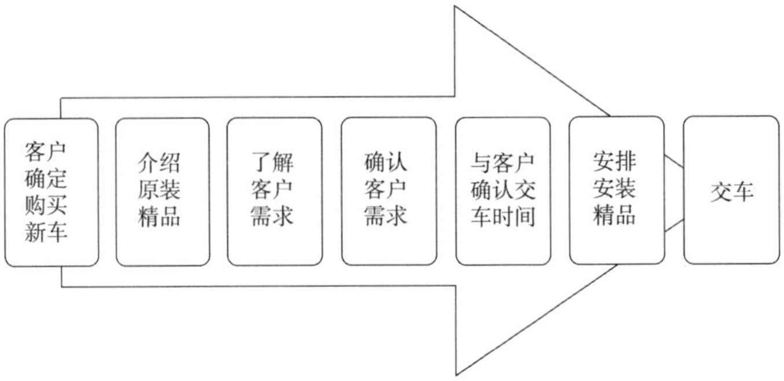

图11-10　现场销售模式流程图

2）交车销售模式

客户已经决定购买新车，但尚未购买精品，在交车时采用此销售模式，如图11-11所示。

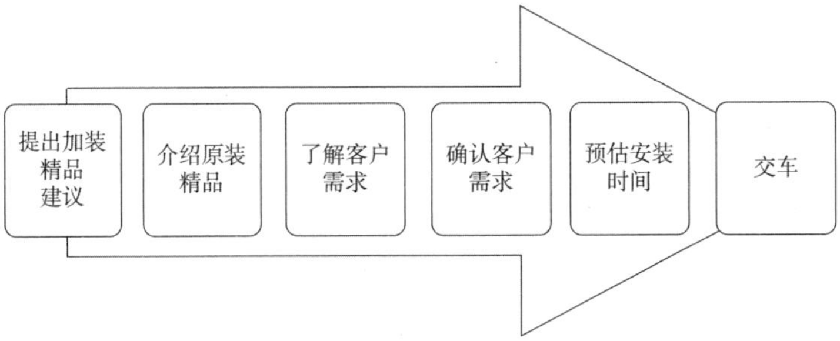

图11-11　交车销售模式流程图

四、二手车置换

学习情境：客户陈女士现有一辆××车已经使用5年，在某4S店看中一款车，想置换新车。销售顾问小李对陈女士进行二手车置换推介，协助陈女士完成车辆置换。

（一）二手车置换的概述

1. 定义

从国内的汽车置换业务来看，对二手车置换的定义有狭义和广义的区别。从狭义上来说，二手车置换是消费者用二手车的评估价值加上另行支付的车款，从品牌经销商处购买新车的业务。通俗讲就是"以旧换新"。目前，狭义的置换业务在世界各国都已成为流行的销售方式。广义的二手车置换，则是指在以旧换新业务的基础上，还同时兼容二手车整修、跟踪服务、二手车再销售，乃至银行按揭贷款等项目的一系列业务整合，从而使之成为一种有机独立的营销方式。

2. 二手车置换业务的意义

(1)完善营销手段,促进新车销售。

(2)培养品牌忠实客户。

(3)丰富服务品种,提升用户满意度和品牌形象。

(4)产生新车、二手车、售后服务联动效应,提高总体盈利水平。

(5)通过品牌化经营维护旧车保值率,达到稳定新车价格的目的。

(二)国内汽车市场的二手车置换模式

(1)用本厂旧车置换新车(即以旧换新)。如厂家为“一汽大众”,车主可将旧捷达车折价卖给一汽大众的零售店,再买一辆新宝来。

(2)用本品牌旧车置换新车。如品牌为“大众”,假设拥有一辆旧捷达的车主看上了帕萨特,那么他可以在任何一家“大众”的零售店里置换到一辆他喜欢的帕萨特。

(3)只要购买本厂或本厂家的新车,置换的旧车不限品牌。

(4)委托寄售。

(三)汽车4S店二手车置换业务

1. 汽车4S店二手车置换的模式

(1)置换不限品牌。

(2)让利增值置换。

(3)“全程一对一”置换。

(4)完善的售后服务。

2. 汽车4S店二手车置换的好处

(1)周期短,时间快。

(2)品质有保证,安全有保障。

(3)有利于净化市场,增加市场竞争力。

(4)主机厂有多重促销手段,让车主受益。

(5)汽车4S店借助电商平台有效推广。

(四)二手车置换业务

1. 涉及部门

二手车置换是多个部门协作、全员参与的一项业务,其中销售顾问是判断客户是否符合置换条件的第一人。各部门职能是:

(1)新车销售部门:接待客户,挖掘置换要求;判断是否引荐评估师;介绍新车。

(2)二手车部门:查定评估车辆;二手车收购;资料汇整、移交。

(3)售后服务部门:现场客户挖掘;数据库客户挖掘。

(4)客户关系部门:客户关系管理,邀约客户来店置换;潜在客户资料整理。

2. 二手车置换评估基本鉴定常识

二手车性能的鉴定需要专业的技术人员借助设备来进行。作为汽车销售顾问,我们要判断客户是否符合置换标准,除了看客户所持二手车单证是否齐全外,还可以从车辆外观进行简单的判断。

(1)通过观察发动机舱,对比车辆尺寸,大体判断车辆是否属于事故车。

(2)观看车辆整体感,特别留意各接缝是否匀称。

(3)查看车辆车窗玻璃出厂日期,是否与整车出厂日期一致。

(4)查看车辆里程数、故障灯以及转向盘磨损程度。

(五)二手车置换流程

在客户选定新车,并确定要进行二手车置换业务之后,要经过销售接待、预约评估时间、二手车评估、签订《收购合同》、旧车过户、客户补足余款、客户提取新车等步骤来完成置换,如图11-12所示。

图11-12　二手车置换流程图

技能实训

(一)汽车保险推介——承保方案的设计

情景描述:客户王女士是某企业的职员,有10多年的驾龄,买车主要用途为接送孩子上学及上下班的交通工具,王女士已选购好了车辆,如果你是销售顾问,你如何对王女士进行保险方案推荐?

1. 准备工作

(1)场地设施:真实模拟汽车销售展厅的场地、实训室。

(2)设备设施:机动车商业险保险条款、计算机、打印机、车辆保险建议书、保单。

2. 实训过程

(1)建立意向。

(2)询问需求。

(3)设计保险方案。

(4)车险条款介绍。

(5)投保单的签署。

(6)收费出单。

(二)汽车金融推介——信贷方案的设计

情景描述:刘先生在汽车4S店看上一辆新车,但他刚工作没几年,手头的积蓄不够一次性付清,如果你是销售顾问,如何对刘先生进行信贷方案推荐?

备注:新车价为98000元,刘先生月收入为5000元左右,金融政策见表11-6。

金融政策　　表11-6

活　动	贷款期限	首付比例	客户利率	万元系数
半付半贷	1年	50%	0%	0
0利息	2年	40%起	0%	0
低利息	3年	30%起	4.81%	296

1. 准备工作

(1)场地设施:真实模拟汽车销售展厅的场地、实训室。

(2)设备设施:金融政策、计算器、汽车消费信贷申请表、收入证明、近6个月的银行对账单、婚姻关系证明。

2. 实训过程

(1)客户申请,需要了解汽车金融消费信贷业务。

(2)告知客户申请条件。

(3)告知客户首付要求。

(4)告知申请所需准备的资料。

(5)了解客户的财务计划、资金情况,记录要点。

(6)根据客户的情况、结合金融政策进行信贷方案的设计。

(7)计算出首付款、贷款金额、月供、利息。

(8)根据客户的收入情况,进行汽车金融消费信贷业务的推荐,并说明缘由。

(三)汽车精品推介——精品方案的推介

情景描述:客户陈女士为某高校教师,衣着时尚,注重生活品质。在某4S店选购了一辆×××轿车,想让自己的车辆再多一些差异化装置,这样既能给自己用车时多一些方便，同时也能彰显自己的个性。如果你是销售顾问，如何对陈女士进行汽车精品方案推荐？

1. 准备工作

（1）场地设施：真实模拟汽车精品展示的场地、实训室。

（2）设备设施：汽车精品、汽车精品展示柜、精品塑料夹页。

2. 实训过程

（1）提出加装精品的建议。

（2）介绍原装精品。

（3）了解客户需求。

（4）确认客户需求。

（5）预估安装时间，确认交车时间。

（6）安排安装精品。

（7）交车。

（四）二手车置换——置换业务的推介

情景描述：董女士是一家企业的销售经理，经常要去见客户，目前开一辆5年的捷达。为了提升企业及自己的品牌形象，她来到了一汽大众4S店，想挑选一辆合适的新车，如果你是销售顾问，如何对董女士进行二手车置换业务推荐？

1. 准备工作

（1）场地设施：真实模拟汽车销售展厅的场地、实训室。

（2）设备设施：二手车置换业务公司政策、条款、计算机、打印机。

2. 实训过程

（1）销售接待，需求探询，探寻客户有无进行二手车置换需要。

（2）给客户介绍在汽车4S店进行二手车置换的好处。

（3）沟通客户二手车置换的需求。

（4）二手车辆外观巡视，记录客户车辆信息，询问客户单证是否齐全：购车发票、车辆登记证、车辆行驶证。

（5）根据客户的需求，降低客户心理预期。

（6）介绍厂家二手车置换业务的优惠政策。

（7）预约评估时间。

（8）引荐评估师。

（9）车辆评估。

（10）签署合同，旧车过户。

（11）客户补足余款，喜提新车。

（五）技能考核评分表

技能考核评分表见表11-7。

技能考核评分表　　表 11-7

考核内容	评价要点	分值	得分
汽车保险（20）	(1)客户接待礼仪是否规范	20	
	(2)是否主动提及汽车保险推介业务		
	(3)流程介绍是否存在错误		
	(4)在介绍过程中是否向客户宣传保险的优点及店内投保的优势		
	(5)是否先对常见的险种了解		
	(6)是否根据客户的需求，设计适合的承保方案		
	(7)是否结合机动车商业险保险条款，介绍车险条款及投保方案的优缺点		
	(8)是否向客户讲解投保险种及费用		
汽车金融（20）	(1)客户接待礼仪是否规范	20	
	(2)是否主动提及汽车信贷业务		
	(3)流程介绍是否存在错误		
	(4)在介绍过程中是否突出在4S店贷款买车的优势		
	(5)是否对客户收入状况进行了解		
	(6)是否明确告知客户申请时需要提交以下资料：①汽车消费信贷申请表；②申请人身份证明（已婚还需提供配偶身份证明）；③收入证明（需盖公章）；④近6个月的银行对账单或存款明细（需盖章）；⑤房产证或其他房产证明；⑥婚姻证明；⑦用于扣款的银行卡资料		
	(7)为客户设计的信贷方案是否合理		
	(8)是否明确告知客户以下款项金额：①首付款；②贷款金额；③月供；④总利息		
汽车精品（20）	(1)客户接待礼仪是否规范	20	
	(2)是否在车辆介绍时主动提及汽车精品推介业务		
	(3)是否提出加装精品的建议		
	(4)是否针对客户特点，利用展区精品、展车上安装的精品以及精品塑料夹页等向客户介绍		
	(5)是否了解客户需求、确认需求，帮助客户选定汽车精品		
	(6)是否预估安装时间，确认交车时间		
二手车置换（20）	(1)客户接待礼仪是否规范	20	
	(2)是否主动提及二手车置换业务		
	(3)流程介绍是否存在错误		
	(4)在介绍过程中是否突出在4S店进行置换的优势		
	(5)是否先对车辆状况进行了解		
	(6)是否询问客户证照是不是齐全：①购车发票；②车辆登记证；③车辆行驶证		
	(7)报价是否在对应情景的评估值区间		
	(8)与客户议价过程是否专业		
	(9)是否为客户计算出还需补足的余款		
	(10)是否请客户出示以下资料：①车主身份证；②购车发票；③车辆登记证；④车辆行驶证		
	(11)是否让客户签署《收购合同》		

续上表

考核内容	评价要点	分值	得分
综合素质评定（20分）	沟通能力	5	
	服务意识	5	
	纪律遵守情况	5	
	团队合作参与度	5	
合计		100	
学生评价	优点：		
	改进意见： 学生签名：		
教师评价	优点：		
	改进意见： 教师签名：		
学生总结	优点：		
	改进意见：		

模块小结

（1）机动车辆保险即“汽车保险”，是以机动车辆本身及其第三者责任等为保险标志的一种运输工具保险。

（2）常见汽车保险投保渠道：专业保险代理人、柜台投保、电话投保、网上投保、保险经纪人、兼业保险代理人。

（3）商业险分为基本险和附加险，基本险包括机动车损失险、机动车第三者责任险、机动车车上人员责任险、机动车全车盗抢险；附加险包括玻璃单独破碎险、自燃损失险、新增加设备损失险、车身划痕损失险、发动机涉水损失险、修理期间费用补偿险、车上货物责任险、精神损害抚慰金责任险、不计免赔特约险、机动车损失保险无法找到第三方特约险、指定修理厂险。

（4）汽车保险承保流程：建立意向、询问需求、设计保险方案、车险条款介绍、投保单的签署、收费出单。

（5）汽车金融指在汽车的生产、流通、购买与消费环节中融通资金的金融活动。

（6）汽车消费贷款中最常用的担保方式有质押贷款、抵押贷款、按揭贷款、第三方保证贷款4种形式。

(7)汽车消费信贷主要涉及的款项有首付款、月供(每月还款额)、贷款金额、利息等。

(8)汽车精品是指汽车在使用过程中延伸的系列产品,汽车精品能为驾驶者及乘坐者带来温馨、赏心、安心、放心的体验,一般以美化室内环境提高汽车乘坐舒适性、便捷性、安全性,降低疲劳驾驶为主。

(9)汽车精品按用途大致可以分为汽车电子类、汽车装饰类、汽车改装类、汽车美容防护类、汽车养护类及其他用途的精品等。

(10)汽车精品的销售以新车销售流程为主线,全程以精品知识、销售技巧为基础。重点在新车销售的四个环节展开,分别是产品介绍、试乘试驾、报价成交、交车四个时点向客户介绍汽车精品。

(11)国内汽车市场的二手车置换模式:用本厂旧车置换新车、用本品牌旧车置换新车、置换的旧车不限品牌、委托寄售。

(12)汽车4S店二手车置换的好处:周期短,时间快;品质有保证,安全有保障;有利于净化市场,增加市场竞争力;主机厂有多重促销手段,让车主受益;汽车4S店借助电商平台有效推广。

思考与练习

(一)填空题

1. 机动车辆保险即____________,是以机动车辆本身及其第三者责任等为保险标志的一种运输工具保险。

2. 常见汽车保险投保渠道:专业保险代理人、____________、____________、网上投保、保险经纪人、____________。

3. 商业险分为____________和____________。

4. 汽车保险承保流程:建立意向、____________、____________、车险条款介绍、投保单的签署、收费出单。

5. 汽车金融指在汽车的生产、流通、购买与消费环节中____________的金融活动。

6. 汽车消费贷款中最常用的担保方式有____________、____________、____________、第三方保证贷款4种形式。

7. 汽车消费信贷主要涉及的款项有____________、____________、____________、____________等。

8. ____________是指汽车在使用过程中延伸的系列产品,能为驾驶者及乘坐者带来温馨、赏心、安心、放心的体验,一般以美化室内环境提高汽车乘坐____________、便捷性、____________为主。

9. 汽车精品销售的重要性体现在____________、____________、____________。

10. 汽车精品的经营特点:____________;低风险、快成效;____________。

11. 汽车精品按用途大致可以分为____________、____________、____________、汽车美容防护类、____________及其他用途的精品等。

12. 常用的汽车精品:____________、真皮座椅、地胶/大包围脚垫、座套/坐垫、____________、DVD导航、____________、发动机护板、____________、氙气灯。

13. ____________是精品主要消费群体，65%的消费发生在____________购买时。

14. 汽车精品的销售以____________为主线，全程以精品知识、销售技巧为基础。重点在新车销售的四个环节展开，分别是____________、____________、报价成交、____________四个时点向客户介绍汽车精品。

15. ____________是消费者用二手车的评估价值加上另行支付的车款，从品牌经销商处购买新车的业务。

16. 国内汽车市场的二手车置换模式：____________、____________、置换的旧车不限品牌、____________。

17. 汽车4S店二手车置换的模式：____________、____________、"全程一对一"置换、完善的售后服务。

18. 汽车4S店二手车置换的好处：____________；品质有保证，安全有保障；有利于净化市场，增加市场竞争力；____________________；汽车4S店借助电商平台有效推广。

（二）判断题

1. 兼业保险代理人是指受保险公司的委托，在从事自身业务的同时，指定专人为保险公司代办保险业务的单位。（　　）

2. 机动车车上人员责任险目前常见的保额有每人1万元、2万元、5万元和10万元四个档可选，乘客的保额必须统一，驾驶人可以单独选择保额。（　　）

3. 现在已开通的有人保95518、平安95512、太保95500等全国统一客户服务电话接受投保业务。（　　）

4. 汽车金融更加适用于老一辈人的消费特点。（　　）

5. 选择消费信贷方式购车，需办完车辆登记落户手续后才可提车。（　　）

6. 行车记录仪是记录汽车在行驶途中的影像及声音等资讯的电子设备。（　　）

7. 太阳膜具有良好的单向透视性，不能保护车内乘客的隐私。（　　）

8. 发动机护板是根据各种不同车型定身设计的发动机防护装置，采用高强度钢材，抵抗不良路面和石块强烈撞击。（　　）

9. 销售顾问是决定客户车辆能否进行置换的第一人，应先从外观方面把关。（　　）

10. 二手车置换限品牌，要与4S店经营品牌一致。（　　）

（三）简答题

1. 什么是汽车保险？为什么要建议客户投保汽车保险？

2. 汽车保险具体是怎么分类的？

3. 新车投保最多的险种一般都有哪些？你会怎样向客户推荐这些险种？

4. 汽车4S店消费信贷业务的办理流程是什么？

5. 申请办理汽车金融消费信贷业务的条件是什么？需要提交的资料有哪些？

6. 汽车精品包括哪些大类，新车加装的常见精品有哪些？

7. 什么是二手车置换？

8. 客户在汽车4S店置换新车，有什么好处？

9. 如何向客户介绍二手车置换业务？

10. 二手车置换的流程是什么？

模块十二　汽车营销策划

学习目标

1. 能够描述汽车营销策划的定义、意义；
2. 能够叙述汽车营销策划活动的原则、策划要点；
3. 能够叙述汽车营销策划活动的流程；
4. 能够描述汽车营销策划活动方案撰写的内容；
5. 能够运用汽车营销策划活动撰写的规范进行活动方案的编制。

建议课时

4 课时。

一、汽车营销策划活动的内容

（一）汽车营销策划概述

1. 定义

汽车营销策划就是指企业在经营方针、经营目标的指导下，通过对企业内部经营环境的分析，找出市场机会，选择营销渠道和促销手段，经过精心构思设计，将产品推向目标市场，以达到占有市场的目的的过程。

2. 汽车营销策划活动的意义

汽车营销策划活动是围绕活动而展开的营销，以活动为载体，使企业获得品牌的提升或是销量的增长。对于汽车 4S 店来说，汽车营销策划活动有以下几个作用。

1）提升品牌的影响力

一个好的活动营销不仅能够吸引消费者的注意力，还能够传递出品牌的核心价值，进而提升品牌的影响力。

2）提升消费者的忠诚度

汽车营销策划活动是专为消费者互动参与打造的活动，消费者的参与引起大众的关注，产品和品牌形象可以深度影响消费者，从而能够提升消费者对品牌的美誉度，进而提升消费者的忠诚度。

3)吸引媒体的关注度

汽车营销策划活动是近年来国内外十分流行的一种公关传播与市场推广手段,集新闻效应、广告效应、公共关系、形象传播、客户关系于一体,并为新产品推介、品牌展示创造机会,建立品牌识别和品牌定位,形成一种快速提升品牌知名度与美誉度的营销手段。

(二)汽车营销策划活动的原则

汽车营销策划活动一般可以分为问题提出、目标关注、创意产生、活动策划、条件落实、信息传播、活动实施、效果测定、市场回声等各个阶段,这些阶段串联成了一个不可分割的整体,各个阶段相互独立又相互联系,整个活动与市场之间始终保持着一种互动关系。缺少对市场实际的认真研究,缺少对策划原则的周全思考,策划难以取得良好效果。汽车营销策划活动要注意以下原则。

1. 需要原则

汽车营销策划活动的目的是突破销售难点,推动产品与企业形象建立和实际销售。策划所有营销活动,必须考虑企业的实际需要,不能凭兴趣和想象行动。

2. 时机原则

汽车营销策划活动必须重视时机的选择,通常应当根据不同的营销活动,分别选择传统节日、新兴节日、重大社会事件、企业内部重大事件、产品重大事件等各种时机进行。

3. 地域原则

对汽车经销商来讲,市场竞争首先是地域竞争。经销商活动具有一定的区域局限性,必须了解所在范围之内的消费者喜好和追求的活动方式。

4. 目标原则

每个具体的市场活动分别指向一定的目标人群,例如新帕萨特和波罗(POLO)轿车所面对的目标消费群大不相同。为此,汽车营销策划活动必须符合目标消费群的特点,选择合适的活动内容和方式。

5. 单纯原则

具体的汽车营销策划活动信息要单一,内容要简洁,创意要凸显,内容要可控,过程要轻松,结果要可预计,费用要节省,并尽可能排除与活动无关的多余信息,使客户更专心于活动本身。

6. 大声原则

大声原则即最大化传播效果的原则,现在信息传播的手段十分丰富,除了通过传统媒体传播信息外,可以通过视频、博客等各种手段张扬信息,达到更加扩张和经济的传播目的。

(三)汽车营销活动策划要点

需要明确的是,汽车营销策划活动是企业营销部门通过一定的方式,将汽车产品的信息及购买途径传递给目标消费人群,激发他们的购买兴趣,强化购买欲望,创造需求,促进汽车产品销售的活动与过程。其本质是要传播与沟通信息,促进销售,强化购买欲望,创造需求。

1. 确定一个核心

汽车营销策划活动必须明确目标,一般的汽车营销策划活动主要是:清理库存,提升销量,打击竞争对手,新品上市,提升品牌认知度及美誉度,加强与客户的联系与情感交流等。

2. 寻准一个出发点

汽车营销策划活动的策划要有针对性,关键是要引起细分人群的兴趣,而不是故作姿态,哗众取宠。成功的汽车营销策划活动一定要与客户的兴趣与欲望密切相关,并与客户的利益紧紧相扣。

3. 紧扣一个主题

汽车营销策划活动的主题确定以后,必须给以动人心弦的核心包装,以使主题更加鲜亮、突出,让受众过目不忘。营销创意具有无限可能性,主题的选择范围很广,但是一次活动的主题必须清晰明亮。

4. 营造一个概念

汽车营销策划活动,必须重视从感觉、梦想、服务、气氛、方法等方面营造一种概念,去满足消费者的需求。例如,一些造型个性化的车辆实际上卖的是年轻、信心、温情和风姿绰约;一些品质超众的汽车,卖的是梦想和身份;一般的汽车销售卖的是环境、知识、售后服务、选择、放心、责任心和专业等。

5. 打造一句口号

汽车营销策划活动应当要策划一个激动人心的口号,这种口号不是"请消费者注意",而是"请注意消费者",口号的策划应当用消费者的语言进行感性创意。

6. 保持一个口径

企业经常组织汽车营销策划活动,或者在同一时间举办好几个活动,必须注意口径应当统一,不能随意定调,更不能自相矛盾。

7. 坚持一贯性

目标一旦确定,必须紧盯目标,步步跟进。一个企业、一个产品、一项服务等汽车营销策划活动,应当始终围绕既定的目标开展,不能脱离目标。汽车营销策划活动不能千篇一律,是指必须富有创意,而且始终不脱离目标。

8. 考虑一盘棋

汽车营销策划活动的目的是使企业形象和产品与服务在消费者和社会公众面前演绎得更加突显、更加动人、更加充满活力,是谋势而不是单独的局部运筹,因此必须考虑将每次汽车营销策划活动放到整个企业的战略框架、营运目标中去检验,以使策划成为整个企业实现营销目标当中的一部分,而不是脱离企业战略目标的单独活动。

(四)汽车营销策划活动的流程

汽车营销策划活动的一般流程是指企业汽车营销策划活动工作必须经过的基本步骤。汽车营销策划活动应是科学、规范、系统的策划,其科学性、规范性、系统性主要通过完整的、有序的程序来实现。汽车营销策划活动的流程包括以下六个步骤。

1. 明确汽车营销策划活动目的

汽车营销策划活动是一个目的性很强的活动,任何一个汽车营销策划活动方案的产生,都是针对企业的某个经营问题或是针对某个特定的目标。策划者在进行策划时首先要明确解决什么问题,即明确策划的目的,以便使策划做到有的放矢。因此,明确策划目的是汽车营销策划活动的起点。

2. 了解现状,分析情况

1)了解现状是汽车营销策划活动的基础

只有充分掌握企业、汽车产品的情况,才能为后面的策划打下基础。不仅包括对市场情况、消费者需求进行深入调查,还包括对竞争产品以及经销商情况的了解。一般包括以下几点:

(1)市场形势了解。指对不同地区的销售状况、购买动态以及可能达到的市场空间进行了解。

(2)产品情况了解。指对原来产品资料进行了解。找出其不足和有待加强、改进的地方。

(3)竞争形势了解。对竞争者的情况要有一个全方位的了解,包括其产品的市场占有率、采取的营销战略等方面。

(4)分销情况了解。对各地经销商的情况及变化趋势要进行适时调查,了解他们的需求。

(5)宏观环境了解。要对整个社会大环境有所了解和把握,从中找出对自己有利的切入点。

了解现状的主要手段是市场调研、查阅文件和进行访谈。

2)分析情况是汽车营销策划活动的前奏

一个好的汽车营销策划活动必须对市场、竞争对手、行业动态有一个较为客观的分析,分析情况是一次去粗取精、去伪存真的过程,使用SWOT分析法帮助企业认清形势。结果总结,通过对整个市场综合情况的全盘考虑和各种分析,为制订应当采用的营销目标、营销战略和措施等打好基础。

3. 制订汽车营销策划活动方案

汽车营销策划活动的开展,从目标上到协调上需要制订一个统筹兼顾的方案,要求目标明确,同时要有各种营销策略的协调和照应,最后将策略进一步转化为具体明确的实施计划以及控制措施。

1)制定目标

能否制定一个切合实际的目标是汽车营销策划活动的关键,企业要将自己的产品和品牌打出去,必须有自己得力的措施。制订确实可行的计划和目标,这个目标包括两个方面:企业整体目标和营销目标。

2)制订汽车营销战略

必须围绕已制订的目标进行统筹安排,结合自身特点,对企业的市场进行细分,确定企业的目标市场和为企业或产品进行市场定位。营销战略具有长期性、系统性和稳定性的特点。

3)市场营销策略

在市场营销战略方针的指导下,把市场营销战略进行分解和细化,即成为营销策略。市场营销策略就是对企业产品进行准确的定位,找出其卖点,并确定其产品策略、价格策略分销策略和促销策略。

4)实施计划与控制

实施计划是实现汽车营销策略的重要保证,在制订了汽车营销策略后,还要把策略转化成具体、明确的实施计划,实施计划包括营销组织机构建立、营销活动程序安排、营销预算等。设计、实施计划和控制措施的目的是便于操作时对计划的执行过程、进度进行管理,并事先充分考虑到可能出现的各种困难,防患于未然。

4. 撰写汽车营销活动策划书

汽车营销活动策划书是营销策划方案的书面反映,其主体部分包括现状或背景介绍、分析、目标、战略、战术或行动方案、效益预测、控制和应急措施。各部分的内容可因具体要求不同而详细程度不一。

汽车营销活动策划书的作用:一方面,它能较好地将策划人的创意与主张完整、系统、有条理地表达出来;另一方面,企业决策者或决策团队只有对书面化、系统化、条理化、方案化、具体化的策划书进行深入研究与分析,才能正确评估营销方案的价值与预期效果,决定是否采纳与接受。

5. 实施汽车营销策划活动方案

实施汽车营销策划活动方案是指将汽车营销策划活动方案转化为行动和任务的部署过程,并保证这种过程顺利完成,以实现汽车营销策划活动所制订的目标。为此,企业营销管理部门必须根据策划的要求,分配企业的人、财、物等各种资源,处理好企业内外的各种关系,加强领导、激励与控制,提高执行力,把营销策略落到实处,达到营销目标。

6. 评估与修正汽车营销策划活动策划

企业在评价汽车营销策划活动的策划效果时必须考虑到三个层面:一是企业计划期的直接营销利润;二是未来一定时期企业形象的增值,即通过优质服务、让利和承担社会义务来提高企业的形象;三是探索和积累营销经验,造就一支高素质的营销人才队伍,建立完善有效的营销网络体系。

在营销策划效果评估时,既要突出以较少的营销投入获得较大的营销利润,又要兼顾企业无形资产的增值和营销队伍素质的提高。除此之外,对于营销策划人员来说,营销策划实施得到结果后并不表明策划的结束。结果出来时,营销策划者还必须对营销策划结果和经过,作充分的分析、检讨,从中找出经验、问题和教训来,并将其有效地反映在下一次营销策划中。

二、汽车营销策划活动方案撰写

(一)汽车营销策划活动方案撰写的规范

汽车营销策划活动方案是创意和策划的物质载体,是策划的文字或图表的表现形式,它使得策划人的策划活动方案能够被他人所知道和接受。从汽车营销策划活动方案一般规律来看,其中有些要素是共同的,不管是哪一层次的或哪一部门的汽车营销策划活动方案。一般而言,一份规范的汽车营销策划活动方案的基本结构框架见表 12-1。

汽车营销策划活动方案撰写结构与内容　　表 12-1

结构		内容	要素
封面		活动方案的名称、被策划客户、策划机构或策划人的名称、策划完成日期及本策划适用时间段、策划书的密级及编号	活动方案的脸
前言		接受委托的情况、本次活动方案的重要性与必要性、活动方案的概况,即活动方案的过程及达到的目的	要点提示
目录		活动方案内容标题及页码	一目了然
概要提示		活动方案内容的重点	前景交代
正文	汽车营销策划目的	围绕汽车营销目标分解出若干个特定的子目标	明确任务
	环境分析	宏观环境分析:政治、经济、文化、法律、科技等	策划的依据和基础
		产品分析:分析本产品的优势、劣势、在同类产品中的竞争力,在消费者心目中的地位,在市场上的销售力等	
		竞争者分析:竞争产品的优势、劣势,竞争产品营销状况,竞争企业整体情况等	
		消费者分析	
	SWOT 分析、问题分析	营销现状分析	提出问题
		市场机会分析	
	确定具体方案	市场定位	对症下药
		4PS 组合,即产品(Product)、价格(Price)、渠道(Place)、促销(Promotion)	
预算		包括总费用、阶段费用、项目费用等,原则上以较小的投入获得最优效果	计算准确
进度表		把汽车营销策划活动方案起止全部过程拟成时间表,具体到何日何时要做什么都标注清楚,作为活动方案进行过程中控制与检查的依据	容易实施
人员分配及场地		应说明具体到汽车营销策划活动方案中各个人员负责的具体事项及所需物品和场地的落实情况	
结束语		主要起到与前言的呼应作用,使汽车营销策划活动方案有一个圆满的结束,不致使人感到太突然	前后呼应
附录		作用在于提供汽车营销策划活动方案客观性的证明,要标注顺序,以便阅读者查找	提高可信度

1. 封面

封面是一份策划书的脸面,决不能小视,尤其是策划名称(又称标题、题目),必须注意简单明确、立意新颖、画龙点睛、富有魅力。封面设计的基本原则是醒目、整洁,字体、字号、颜色都要根据视觉效果具体制定,要有艺术性。封面要注明:策划书的名称、策划委托机构、策划机构、策划人姓名、策划完稿日期、策划执行时间、策划书的保密级别、策划书的编号。还有封面要注明策划书的保密级别,公司文件分为绝密、机密、秘密三个等级。

2. 前言

前言又可称为导言，是汽车营销策划活动方案正式内容前的情况说明部分，内容应简明扼要，字数要控制在1000字以内。主要描述汽车营销策划活动方案的来龙去脉、背景资料、策划团队的介绍、汽车营销策划活动方案内容的概括等。包括：活动方案专题，介绍专题的由来、背景及其意义；指导思想，明确策划的理论依据、行为动力、基本要求和最终目标；重点、难点与关键，重点是指活动方案操作中需解决的主要问题；难点是指活动方案过程中可能出现的困难与障碍；关键是指对活动方案最为紧要并起决定作用的因素。总的要求是：突出重点，明确难点，抓准关键。

3. 目录

汽车营销策划活动方案的目录与一般书籍的目录起相同作用，它涵盖全书的主体内容目录。实际上就是活动方案的简要提纲，具有与标题相同的作用，活动方案策划人应认真编写。

4. 概要提示

概要提示是对汽车营销策划活动方案内容所做的概要说明，勾勒出汽车营销策划活动方案的各个章节重点与结论，使读者大致了解活动方案的主要内容。概要提示的写作要简明扼要，篇幅不宜过长，字数以300～400字为宜。

概要提示的撰写一般有两种方法，即在制作汽车营销策划活动方案正文前事先确定和在汽车营销策划活动方案正文结束后事后确定。这两种方法各有利弊，一般来说，前者可以使活动方案策划内容的正文撰写有条不紊地进行，从而能有效地防止正文撰写的离题或无中心化；后者简单易行，只要把策划书内容归纳提炼就行，采用哪一种方法可由撰写者根据自己的情况来定。

5. 正文

正文是汽车营销策划活动方案中最重要的部分，具体包括以下几方面内容。

1）汽车营销策划活动方案策划的目的

汽车营销策划活动方案目的部分主要是对本次汽车营销策划活动方案策划所要实现的目标进行全面描述，是本次活动方案策划的原因和动力。

2）环境分析

环境分析是汽车营销策划活动方案策划的依据与基础，所以活动方案策划都是以环境分析为出发点的。环境分析一般应在外部环境与内部环境中抓重点，描绘出环境变化的轨迹，形成令人信服的依据资料，环境分析包括企业营销的外部环境与内部环境，营销策划中常见的分析工具有：SWOT分析和对消费者行为的5W2H分析等。

（1）SWOT分析法。

SWOT分析即对企业的优势、劣势、外部环境的机会、威胁的全面分析评估，然后找出企业存在的真正问题与潜力，为后面的方案制订打下基础。企业的机会与威胁一般通过外部环境的分析来把握；企业的优势与劣势一般通过内部环境的分析来把握。在确定了机会与威胁、优势与劣势之后，再根据对市场运动轨迹的预测，就可以大致找到企业问题所在了。

（2）5W2H分析法。

发明者用五个以“W”开头的英语单词和两个以“H”开头的英语单词进行设问，发现解决问题的线索。

Why——为什么执行策划方案？为什么要这么做？理由何在？原因是什么？

What——执行什么策划方案？目的是什么？做什么工作？

Where——何处？在哪里执行策划方案？从哪里入手？

When——何时？在何时执行策划方案？什么时机最适宜？

Who——谁执行策划方案？由谁来承担？谁来完成？谁负责？

How——如何执行策划方案？如何提高效率？如何实施？方法怎样？

How Much——多少钱？做到什么程度？数量如何？质量水平如何？费用产生多少？

(3)宏观环境分析。

着重对与本次营销活动相关的宏观环境进行分析，包括政治、经济、文化、法律、科技等。

(4)产品分析。

主要分析本产品的优势、劣势，在同类产品中的竞争力，在消费者心目中的地位，在市场上的销售力等。

(5)竞争者分析。

分析本企业主要竞争者的有关情况，包括竞争产品的优势、劣势，竞争产品营销状况、竞争企业整体情况等。

(6)消费者分析。

对产品消费对象的年龄、性别、职业、消费习惯、文化层次等进行分析。环境分析的整理要点是明了性和准确性，所谓明了性是指列举的数据和事实要有条理，使人能抓住重点。

3)营销战略

营销策划书中要清楚地表述企业所要实行的具体战略，包括市场细分(Segment)、目标市场(Target)和市场定位(Position)三方面的内容，也成为STP策略。

4)营销组合策略

确定营销目标、目标市场和市场定位之后，就必须在各个细分市场的营销组合策略。营销组合决策就目前而言还是以4P策略为基本框架，虽然目前还是以4P策略[产品(Product)、价格(Price)、渠道(Place)、促销(Promotion)]为基本策略框架，但在营销策划中还应该吸收6P理论[产品(Product)、价格(Price)、渠道(Place)、推广(Promotion)、政治力量(Political Power)与公共关系(Public Relations)]、4C理论[消费者(Consumer)、成本(Cost)、便利(Convenience)和沟通(Communication)]、7P理论[在传统4Ps的基础上增加三个“服务性的P”得出的理论，三个“服务性的P”即：人(People)、过程(Process)、有形展示(Physical evidence)]的精神。

5)确定具体方案

这是汽车营销策划活动方案中的最主要部分，在撰写这部分内容时，必须能熟练运用市场定位和4P组合，并清楚地提出营销目标、营销战略与具体行动方案。组织机构、行动程序应安排在行动方案中，并需要确定以下内容：要做什么活动？何时开始？何时完成？其中的各项活动分别需要多少天？各项活动的关联性怎样？在何地？需要何种方式协助？需要什么样的布置？要建立什么样的组织机构？由谁来负责？实施怎样的奖酬制度？

6. 费用预算

预算，包括营销过程中的总费用、阶段费用、项目费用，使各种花费控制在最小规模上，以获得理想的经济效益。营销预算最常用的是“活动项目估计”，即按照策划所确定的活动项目列出细目，计算出所需经费。用列表的方法标出营销费用也是经常被运用的，其优点是醒目易读。

7. 实施进度计划(进度表)

把汽车营销策划活动方案起止全部过程拟成时间表，具体何日何时要做什么都标注清楚，作为策划过程中的控制与检查，同时使行动方案更具可操作性。

8. 人员分配及场地

此项内容应说明具体汽车营销策划活动方案中每个人员负责的具体事项、所需物品和场地的落实情况。

9. 策划方案控制

策划控制方案可分为一般控制方案和应急方案。

1)一般控制方案

每月或每季详细检查目标的达到程度，高层管理者要对目标进行重新分析，找出未达到目标的项目及原因。实施营销效果的具体评价方案有经营理念、整体组织、信息流通渠道的畅通情况、战略导向和工作效率。

2)应急方案

应急方案主要考虑市场信息的不确定性，需要制订多套应急方案。

10. 结束语

主要是再重复一下主要观点并突出要点，结束语并不是非要不可的，主要起到与前言呼应的作用，使策划书有一个圆满的结束，不致使人感觉到太突然。

11. 封底

封底与封面相对应，它保证了策划书的完整性和美观。

12. 附录

附录的内容对汽车营销策划活动方案起着补充说明的作用，增强阅读者对汽车营销策划活动方案的信任。附录的内容有报刊、政府机构或企业内部的统计资料，调查数据等，汽车营销策划活动方案的备用方案一般也置于这里。作为附录也要标明顺序，以便查找。

(二)案例——迈腾汽车营销策划活动方案

1. 活动背景

××汽车销售服务有限公司作为一汽大众华中地区一家授权4S特约经销商，地理位置优越，交通十分便利，拥有雄厚的技术力量，优质的服务水平。经过×月份销售增长期，伴随着气温不断升高，汽车销售进入淡季。随着×月份销量下滑，销售量不甚乐观，公司决定于2019年×月×日以迈腾为目标车型开展一场营销活动，改善销售低迷期。此次活动从2019年×月×日开始准备，活动效果统计截至2019年×月末，本次活动公司预算为7万元。

2. 市场调研

1)调查地点

调查地点：店内调查。

2)选择理由

(1)与被调查者面对面交流,全面了解客户需求,并及时解决客户疑惑。

(2)信息反馈及时、准确,调查成本相对较低,具有针对性。

3)调查方式

网络调查。

4)选择理由

(1)组织简单,执行便利,辐射范围广,成本低。

(2)不受时空与地域限制,网上访问速度快,信息反馈及时。

3.调查内容及结果

调查问题针对迈腾、桑塔纳、朗逸、途观 L 等车型调查。

4.SWOT 分析

1)优势

(1)一汽大众产品在当地口碑好,具有品牌优势,消费者的认可度高。

(2)4S 店地理位置优越、交通便利、人流量充足。

(3)现车资源充足。

2)劣势

(1)通过购车意向统计图可知,高级别客户极少,大部分集中在低级别客户上,故潜客转化出现问题。

(2)迈腾长库龄车积压较多,亟待消耗。

(3)4S 店目前三款车型都未完成厂家本月销量任务。

3)机会

(1)根据市场调研结果可知,客户对迈腾车型关注度较高,市场需求量大。

(2)本店基盘客户(留有可联络信息的客户包含有望、潜在、战败、成交、他销、他牌等客户)数量足够本次活动开展。

(3)当地政府无限购政策,汽车市场有较大的发展空间。

4)威胁

(1)同级别车型市场竞争激烈。

(2)竞品车型售价低,配置充足。

(3)4S 店在当地不具备产地优势,在运输和时间成本上不具备竞争优势。

5.目标确定

1)目标车型

目标车型:迈腾。

2)选择理由

(1)通过背景信息客户购车意向、来电、到店统计图可知,客户购车需求仍旧很大,很多客户持观望态度。

(2)通过市场调研结果可知迈腾是三款车型中客户关注度最高的,占 66.2%。

(3)通过背景信息 2019 年×月份截至×日各车型销售统计表可知迈腾本月的实际销售完成率仅为 51.14%,是三款车型中完成率最低的。

(4)通过×月份库存结构图可知迈腾长库龄车积压较多,亟待消耗。

6. 目标客户

(1)客户职业:软件工程师、公司总经理、个体经营者。

(2)客户家庭月收入:1.5 万～2 万元,2 万～3 万元,3 万元以上。

(3)客户家庭人数:3 人。

(4)客户购车用途:家、商两用。

(5)选择目标客户的理由:

①通过市场调研可知软件工程师、公司总经理、个体经营者参与调查比例占前三,工资收入也较高。

②通过市场调研可知,家庭经济收入在 2 万元以上的占 84.7%,比例较高,具有购买迈腾经济能力。

③通过市场调研可知,客户家庭人数 3 人比例最高。

④通过市场调研可知,客户买车用途家、商两用占 49.7%,比例最高。

7. 销量目标

(1)分车型的销量目标见表 12-2。

车型的销量目标　　表 12-2

车型	CC	迈腾	宝来
销售目标(辆)	2	46	22

(2)制订销量目标的理由:

①结合背景信息各车型销量统计图可知,本店目前三款车型都未完成厂家本月销量任务,为了保证月底冲量成功,争取最大限度地获得厂家补贴,故本次活动三款车型的销量目标参考本月计划销量减实际销量计算得出的数量确定。

②结合背景信息库存结构图可知,三款车的库存均满足上述确定的销量目标。

③通过客户来电、到店、购车意向和各级别客户活动邀约成功率等统计图可知,本店基盘客户数量支持本次活动销量目标的确定。

8. 集客目标

(1)集客目标:195 组。

(2)制订集客目标的理由:

①通过上述销量目标的确定可知,本次活动的计划销量总计 70 辆,根据以往展厅类营销活动 35.72% 的成交转换率可计算得出,本次活动的集客目标是 195 组。

②通过客户购车意向统计图得知三款车型各级别客户人数,结合客户邀约成功率统计图可知本店基盘客户数量充足,能够完成本次集客目标 195 组的任务。

9. 活动主题

(1)活动主题:不负众望,厚惠有期——一汽大众限时特惠季。

(2)理由:销售淡季,持观望态度的客户比较多,用特惠可以吸引客户到店参与活动,提高集客量和成交率。

10. 活动类型

(1)活动类型:展厅类营销活动。

(2)理由:

①本次目标集客195组,试乘试驾耗时、费用高、不确定因素多,另外试乘试驾类活动为“集客+宣传”目的活动,与本次活动举办初衷不符,故不采用试乘试驾类活动。

②×月×日厂家无活动安排,且本市无车展活动,无法参展。

③本次活动目的主要是提升销量和集客量,吸引客户到店购车,而且本店所处地段交通发达,人流量充足,在预算有限的情况下,尽可能发挥好现有资源的优势来达到活动目标,故本次活动确定为展厅活动。

11. 策略选择

(1)汽车定价策略。

(2)销售促进策略。

①分期付款优惠。分期付款使用情况,使用宣传标语:“0”活多变,超乎期贷。

②分期付款作用说明:可减轻客户购车压力;购车门槛大幅度降低,随心升级车型;增值业务,为公司创造更多利润。

③置换补贴优惠。置换补贴使用情况,使用宣传标语:“换”然一新,“旧”是实惠。

④置换补贴作用说明。专业评估更可靠,价格透明更合理;提高二手车残值;得到厂家的高额补贴。

⑤抽奖礼包。

⑥抽奖礼包设置理由。根据市场调研活动礼包分析图可知,消费者最感兴趣的礼包分别是旅游、家用电器、储值卡和油卡,以消费者最感兴趣的商品作为活动礼包,可以吸引客户参与活动,提升客户满意度。双人3日游,成本较高,性价比较低,有一定吸引力。3000元售后VIP储值卡,成本较高,高性价比,能够吸引客户后续回店维护,提升客户价值。微波炉,成本较低,性价比差不多,对每位购车者均适用。300元油卡,成本低,可用于日后给车辆加油,对每位购车者均适用,是4S店常见的购车礼。

⑦销售奖励。

⑧销售奖励金额设置理由。销售奖励可激励销售团队的积极性,提升活动前集客量及活动中的成交率,良性的竞争也能使销量稳步提升。

(3)广告策略。

①广告投放理由。本次活动为4S店自主举办,不属于厂家活动,故投放媒体时根据活动需要、活动预算、媒体特点以及市场调研结果等因素综合考量,我们选投传单、广播-B级、汽车垂直媒体、朋友圈广告、微博、论坛、公众号,注重宣传效果的同时兼顾经济实惠。传单是最基本的广告形式,信息传递及时,阅读性和说明性强,所以选择提前7天进行撒网式发布广告,宣传活动并集客;根据调研结果可知,目标客户听广播了解汽车信息占比较高,根据目标客户生活习惯及投放成本,决定投放B级广播;根据目标客户浏览网页比例较高,且网络媒体传播迅速、高效,所以选择汽车垂直媒体进行宣传和信息收集;微博、论坛和公众号是最为平时的宣传渠道,而且也不收取费用,可以针对活动有策划的宣传。

②广告宣传文案编写:不负众望,厚惠有期。

(4)公共关系。

公共关系开展情况:不开展。

理由:本次活动在龙达4S店举办,无须开展公共关系。

(5)异业联盟。

①异业联盟企业:银行企业。

②选择企业的理由:降低消费者的购车压力,与银行合作,可实现客户资源共享。

12. 计划制定

(1)活动安排。

(2)特色活动。

①特色活动1。

活动主题:装箱达人挑战赛。

活动内容:客户在5min内把准备的物品全部装进行李舱,并能把行李舱关闭即可获得精美礼品,突出迈腾汽车行李舱空间大的优点。

②特色活动2。

活动主题:天窗投篮对决赛。

活动内容:客户站在驾驶室从天窗向离2m远的篮筐投篮,在1min内投进5个以上即可获得精美礼品,突出迈腾汽车天窗视野开阔的优点。

③特色活动3。

活动主题:行李舱逃生必胜赛。

活动内容:客户在车侧方等候,开始计时时便上车从后排安全通道通往行李舱,在5min内安全下车即可获得精美礼品,凸显迈腾汽车的人性化设计。

(3)活动流程见表12-3。

活动流程　　表12-3

活动日期	活动时间	活动环节	活动内容	负责部门
2019-××-××	9:00—9:30	客户签到	带领客户进行签到,领取小礼品	市场部
2019-××-××	9:00—17:30	进店游戏	引导客户进行游戏	售后服务部
2019-××-××	9:00—17:30	销售接待	向客户介绍车辆信息,并解答疑问	销售部
2019-××-××	9:00—17:30	主持人唱单	主持订车客户抽奖和唱单	市场部
2019-××-××	13:00—15:00	冷餐	准备冷餐,引导客户用餐	售后服务部
2019-××-××	13:00—15:00	节目表演	演出人员表演节目	市场部
2019-××-××	9:00—17:30	收款结算	记录活动期间资金收支情况	财务部

(4)场地查勘。

①活动开展地点:汽车4S店。

②查勘内容见表12-4。

查勘内容　　表12-4

查勘项目	查看要点
安保措施	活动当天治安管理,防止突发事故
周边环境	交通是否拥堵,附近公交工具是否方便到达
停车情况	停车区域是否能满足当天到店人数停车以及预备多余场地停车
供电设施	现场有关设备的供电情况以及备用电源

(5)活动预算。

(6)活动实施。

①物料采购。

②人员培训。

人员培训内容:活动目标、销售礼仪、活动流程、突发事件、客户问题、工作分工及责任、活动车型、销售政策、产品功能及特点。

③人员培训内容梳理。

市场部:活动目标、工作分工及责任。

销售顾问:销售礼仪、活动流程、客户问题、活动车型、销售政策、产品功能及介绍。

售后服务部:突发事件。

④场地布置如图12-1所示。

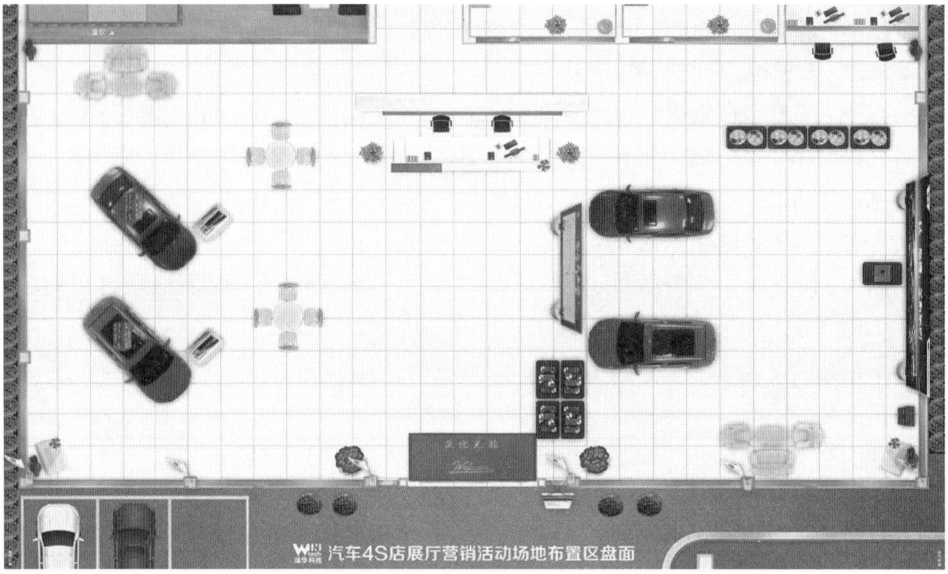

图12-1　营销活动场地布置图

(7)应急预案。

①场地类。

场地布置出现拖延、意外倒塌和损坏:首先对布置方案进行周密的推敲,制订后备方案并严格监督施工人员的工作质量,做好活动的验收工作,并定人定时进行检修。

出现沟通不畅,造成工作混乱:建立完善科学的对讲系统,随时保持沟通汇报,同时成立现场临时协调部门。

时间把控出错,未按规定时间进行:制定周密的活动流程,进行多次活动的预演,并准备备用方案,以应对可能出现的冷场、拖场的情况。

②媒体类。

突发事件发生后,与媒体的接触:明确新闻发言人,积极面对媒体,及时向媒体通报调查情况与后续处理情况,与媒体保持联系,用后续处理方式去弥补先前的负面影响。

出现负面报道:制定统一新闻稿,与媒体进行充分沟通,并及时与媒体上级主管部门进行协调。

③演艺活动类。

演员迟到、误场和缺场：强调演员的纪律意识，避免沟通失误，并准备预备演员和节目。

演员表演失误：要求演员认真对待节目排练，多次进行预演，同时帮助演员建立良好的心理素质，随时关注演员的身体状况。

配套设施无法工作：正确地安装和使用配套设备，定人定时检查配套设备的启动系统。由工作态度细心负责的人员来操作设备，预备易损部件和更换工具，随时更换失效部件。

④其他突发类。

现场发生突发性疾病者或受伤者：应立即安抚受伤者，立即通知上级主管前往处理，及时维护现场，并联系最近的正规医院，此外，可在活动过程中配备常用药物、急救医疗箱。

现场出现火灾情况：现场在存在安全隐患的区域，放置消防器材，保持消防通道的畅通，并制订发生火灾时，紧急疏散人群的方案。

现场出现恶劣天气情况：考虑舞台区、展示区、活动区的防雨措施；准备雨伞以及一次性雨衣，供来宾使用。

技能实训

（一）汽车营销策划活动方案撰写

背景描述：龙达汽车销售服务有限公司作为一汽大众华中地区一家授权4S特约经销商，地理位置优越，交通十分便利，拥有雄厚的技术力量，优质的服务水平。经过5月份销售增长期，伴随着气温不断升高，汽车销售进入淡季。随着6月份销量下滑，销售量不甚乐观，公司决定于2019年×月×日以迈腾为目标车型开展一场营销活动，改善销售低迷期。此次活动从2019年×月×日开始准备，活动效果统计截至2019年×月末。本次活动公司预算为8万元。

1. 准备工作

（1）场地设施：真实模拟汽车营销策划活动的实训室。

（2）设备设施：计算机、汽车营销策划模拟沙盘教学系统（北京运华）。

2. 实训过程

（1）分析活动的背景。

（2）设计封面。

（3）编写前言。

①活动方案策划的背景即社会大环境发展趋势。

②委托单位的情况。

③接受委托的情况。

④活动方案策划的重要性和必要性。

⑤本次活动方案策划要达到的目的。

⑥活动方案策划的主要过程。

(4)编写目录。

(5)编写概要提示。

(6)编写正文(运用汽车营销策划模拟沙盘教学系统完成正文内容设计)。

①汽车营销策划活动方案策划的目的。

②环境分析、SWOT分析法、5W2H分析法、宏观环境分析、产品分析、竞争者分析、消费者分析。

③营销战略。

④营销组合策略。

⑤确定具体方案。

(7)编制费用预算表。

(8)编制进度表。

(9)编制人员分配及场地分配表。

(10)编制应急预案。

(11)编写结束语。

(12)设计封底。

(13)编制附录。

(二)技能考核评分表

技能考核评分表见表12-5。

技能考核评分表 表12-5

考核内容	评价要点	分值	得分
操作技能评定(80%)	方案编写是否认真	10	
	方案的合理性	15	
	方案的可操作性	20	
	方案的吸引力	25	
	方案是否具有针对性	10	
综合素质评定(20%)	沟通能力	5	
	服务意识	5	
	纪律遵守情况	5	
	团队合作参与度	5	
合计		100	
学生评价	优点:		
	改进意见: 学生签名:		

续上表

教师评价	优点：	
	改进意见： 教师签名：	
学生总结	优点：	
	不足：	

模块小结

(1)汽车营销策划活动的意义:提升品牌的影响力、提升消费者的忠诚度、吸引媒体的关注度。

(2)汽车营销策划活动的原则:需要原则、时机原则、地域原则、目标原则、单纯原则、大声原则。

(3)汽车营销策划活动策划要点:确定一个核心、寻准一个出发点、紧扣一个主题、营造一个概念、打造一句口号、保持一个口径、坚持一贯性、考虑一盘棋。

(4)汽车营销策划活动的流程:明确汽车营销策划活动目的、了解现状,分析情况、制订汽车营销策划活动方案、撰写汽车营销活动策划书、实施汽车营销策划活动方案、评估与修正汽车营销策划活动策划。

(5)规范的汽车营销策划活动方案的基本结构:封面、前言、目录、概要提示、正文、费用预算、实施进度计划(进度表)、人员分配及场地、策划方案控制、结束语、封底、附录。

思考与练习

(一)填空题

1. 汽车营销策划活动的意义:____________、提升消费者的忠诚度、____________。

2. 汽车营销策划活动的原则:____________、时机原则、____________、目标原则、____________、____________。

3. 汽车营销策划活动策划要点:____________、____________、紧扣一个主题、____________、打造一句口号、____________、坚持一贯性、____________。

4. 汽车营销策划活动的流程:明确____________、了解现状,分析情况、制订汽车营销策划活动方案、____________、____________汽车营销策划活动方案、____________汽车营销策划活动策划。

5. 规范的汽车营销策划活动方案的基本结构:____________、前言、目录、概要提示、正文、____________、____________、人员分配及场地、____________、结束语、封底、附录。

(二)判断题

1. 策划的软性方法即软性广告,通常借助新闻报道、活动赞助等大众较为能接受的方式树立企业形象,硬性策划更能深入人心。 ( )

2. 汽车营销策划活动策划书对可信性和可操作性以及说服力的要求特别高。 ( )

3. 汽车营销策划活动的目的是突破销售难点,推动产品与企业形象建立和实际销售。 ( )

4. 一个好的活动营销只要能够吸引消费者的注意力。 ( )

5. 策略整合运作是汽车营销策划成功的保证。 ( )

(三)简答题

1. 汽车营销策划活动的流程有哪些步骤?

2. 汽车营销策划活动方案撰写的规范有哪些?

参 考 文 献

[1] 孙杰. 汽车销售实务[M]. 北京:机械功能工业出版社,2016.
[2] 张海龙,陈志华,袁芬. 汽车营销实务[M]. 上海:同济大学出版社,2018.
[3] 夏长明. 汽车营销[M]. 北京:机械工业出版社,2013.
[4] 刘军. 汽车销售七日通[M]. 北京:化学工业出版社,2012.
[5] 吴常红. 汽车营销基础与实务[M]. 北京:北京邮电大学出版社,2013.
[6] 刘雅杰. 汽车营销[M]. 北京:中国人民大学出版社,2009.
[7] 孙路弘. 汽车销售的第一本书[M]. 北京:中国人民大学出版社,2008.
[8] 黄杰. 汽车销售代表培训教程[M]. 北京:京华出版社,2006.
[9] 罗安源. 顾问式汽车销售[R]. 北京:影响力教育训练集团,2007.
[10] 刘敏兴. 销售人员专业技能训练整体解决方案[R]. 北京:时代光华管理课程,2009.
[11] 戚叔林. 汽车服务营销[M]. 重庆:重庆大学出版社,2012.
[12] 燕贵成,钱小莉. 市场营销与策划[M]. 北京:化学工业出版社,2015.
[13] 刘军. 汽车 4S 店销售顾问培训手册[M]. 北京:化学工业出版社,2013.
[14] 刘军. 汽车 4S 店活动策划全案[M]. 北京:化学工业出版社,2012.
[15] 刘军. 汽车 4S 店活动策划一本通[M]. 北京:化学工业出版社,2015.
[16] 刘军. 汽车营销策划方法、技巧与实践[M]. 北京:化学工业出版社,2017.
[17] 刘军. 汽车 4S 店流程化与精细化管理全案[M]. 北京:化学工业出版社,2013.